Qué hace y qué dice el Corazón de Jesús en el Sagrario

San Manuel González García

Qué hace y qué dice el Corazón de Jesús en el Sagrario

SOPHIA INSTITUTE PRESS
Manchester, New Hampshire

Tutor, 15-17 · 28008 MADRID

Tel: +34 915 42 08 87

E-mail: editorial@elgranitodearena.com

www.elgranitodearena.com

Cover by Updatefordesign Studio

Cover image: Bronze Tabernacle with IHS in Relief courtesy of Artículos Religiosos Brabander (https://www.articulosreligiososbrabander.es)

Cubierta:

Retablo del Calvario con la Virgen Dolorosa, las Marías y el Discípulo San Juan, tal como aparece en la medalla de los miembros de la Familia Eucarística Reparadora (Capilla de la Casa de Espiritualidad Santa María de Nazaret, Palencia).

Ediciones de *Qué hace y qué dice el Corazón de Jesús en el Sagrario:* 1925[1], 1931[2], 1934[3], 1937[4], 1940[5], 1944[6], 1949[7], 1955[8], 1961[9], 1976[10], 1982[11], 1986[12], 1992[13], 1997[14], 2000[15], 2011[16] (10 reimpresiones), 2022[17].

Sophia Institute Press
Box 5284, Manchester, NH 03108
1-800-888-9344
www.SophiaInstitute.com

Sophia Institute Press is a registered trademark of Sophia Institute.

paperback ISBN 979-8-88911-346-1

ebook ISBN 979-8-88911-347-8

First printing

EN LA 2º EDICIÓN (1931)

La edición anterior de este libro fue pasto de las llamas de la revolución sacrílega que destruyó mi Palacio y sesenta y dos Iglesias de mi Diócesis, el 11 y 12 de Mayo de 1931... ¡Corazón de Jesús, que la edición presente y todas las sucesivas, apaguen el fuego del odio con el fuego de tu amor!

PRESENTACIÓN A LA TERCERA EDICIÓN

Llega a tus manos, lector piadoso, este librito, que por amoroso designio de Dios, anda siempre entre llamas...

Llamas de deseos de iniciar a las almas en las inefables interioridades del Corazón de Jesús, vivo en nuestros Sagrarios, lo echaron al mundo. ¡Se conoce personalmente, internamente tan poco a Jesús! Precisamente por haberse querido quedar callado e inmóvil, ¡se le cree tan muerto!

Llamas de fuego de infierno, que destruyó el Palacio Episcopal de Málaga el 11 de Mayo de 1931, redujeron a pavesas la mayor parte de la edición primera.

Y llamas de ganas de *dejar hacer y decir* en las almas al Corazón callado y oculto de Jesús han levantado las paginillas de la segunda edición.

¡Qué cartas tan encendidas me escriben los sorprendidos con lo que «hace y dice» el Corazón de Jesús en el Sagrario!

¡Con qué gusto salen de nuevo estas paginillas a prender fuego, contando o haciendo presentir secretos del Corazón de Jesús!

¡Espíritu Santo, que se acaben de enterar los cristianos piadosos de que en el Sagrario no vive ningún mudo ni ningún cesante! y ¡que el Jesús, que allí vive, callado habla, inmóvil hace...!

† Manuel González

Obispo de Málaga

Elorrio, primer Viernes de Agosto de 1934.

OTRA POSTDATA PARA ESTA EDICIÓN 4ª (1937)

Corazón de Jesús, Incendiario divino, que permitiste que por segunda vez los enemigos tuyos y de España en el año 1936 quemaran este libro, bendito seas por estas nuevas páginas ardiendo o haciendo arder....

NOTA ACLARATORIA
PARA LA 17ª EDICIÓN AUMENTADA (2022)

Qué hace y qué dice el Corazón de Jesús en el Sagrario fue editado por primera vez en 1925, siendo su autor, san Manuel González, obispo de Málaga. Recopilaba casi medio centenar de artículos publicados en la revista *El Granito de Arena* entre 1913 y 1923. Esto significa que los primeros en ser escritos fueron firmados por «El Arcipreste de Huelva» y los últimos por «Manuel, Obispo de Málaga», e incluyendo varios de su época de «Obispo de Olimpo». Los textos, sin embargo, no se agruparon cronológicamente sino en función del contenido y si respondían a lo que hace o a lo que dice el Corazón de Jesús en el Sagrario.

Sin tener en cuenta el *Manual de las Marías*, *Qué hace y qué dice el Corazón de Jesús en el Sagrario* es el libro que más ediciones cuenta en la actualidad y, si bien no es posible saber con exactitud la cantidad, del que más copias se han vendido. El estilo ameno y cercano, tan propio de su autor, lo convierten en un verdadero guía de oración con el que poder acercarse al Evangelio para encontrar allí descrito lo que el Corazón de Jesús sigue haciendo y diciendo en sus Sagrarios.

En esta nueva edición (y teniendo en cuenta que la anterior, de hace diez años, contó con nueve reimpresiones en todo el mundo) se han querido recuperar los textos originales, motivo por el cual se reproducen los artículos contenidos en la edición 4ª (1937), es decir, la última realizada en vida de san Manuel.

En esta edición aumentada se ha vuelto a recuperar la última sección, titulada: «Lo que singularmente dice el Corazón de Jesús a sus sacerdotes» y que conforma principalmente el libro *El Corazón de Jesús al corazón del sacerdote*, ya que sus textos son, igualmente, una delicada invitación a entrar en intimidad con Jesús Eucaristía también para quienes participan del sacerdocio común de los fieles.

Se han eliminado, en cambio, las «respuestas» sálmicas que se añadieron al final de cada una de estas meditaciones en la edición de 1976.

Sí se han incluido en esta edición aumentada, sin embargo, tres artículos que no aparecían en la edición de 1937, a saber: uno publicado en *El Granito de Arena* el 20 de febrero de 1917 y que inexplicablemente no está recogido en el libro de 1925 ni en ninguna de las ediciones posteriores. Si bien no nos es posible saber si fue un olvido o no se tuvo en cuenta intencionadamente, consideramos que puede ser la primera opción, ya que tiene el mismo título que otro aparecido un mes después. Para no repetir el mismo título, se ha titulado a este: «No temáis» y se ha dejado al artículo siguiente el título que tenía originariamente, es decir, «No temáis, soy Yo».

También se ofrecen dos artículos que a partir de la 6ª edición (1944) se incluyeron bajo el epígrafe: «El Corazón siempre compasivo», pero que en esta edición aumentada hemos separado en dos partes, tal como fueron publicados en *El Granito* (5 y 20 de agosto de 1927), y con títulos que respetan la temática de la segunda parte de este libro: «Me da compasión» y «Me da compasión esta multitud de gente».

Cuando quedan pocos años para que estas páginas cumplan un siglo volando por estos mundos de Dios, los responsables de esta editorial deseamos, una vez más, poner nuestro humilde granito de arena para que quienes lean estas líneas encuentren en Jesús Eucaristía la paz para su vida y el gozo de saberse amados por Dios, que ha querido quedarse entre nosotros, todos los días, hasta el fin de los tiempos, en cada uno de sus Sagrarios, desde donde sigue teniendo mucho por hacer y por decir.

Madrid, 3 de mayo de 2022
MMYC, directora de la Editorial EGDA

INTRODUCCIÓN

A QUIÉN BUSCAN ESTAS PÁGINAS

Buscan, en general

A la familia del Sagrario. A los que por profesión, devoción y dicha viven y se mueven cerca y en torno del Sagrario.

A los sacerdotes y a los que aspiran a serlo, a los religiosos y religiosas, y a los hombres y mujeres de Acción Católica y a todos los que sinceramente creen en la presencia real de nuestro Señor Jesucristo en la Sagrada Eucaristía y de algún modo están interesados y trabajan por que su Corazón Eucarístico sea conocido, amado, imitado, desagraviado y glorificado y, mediante esto, se establezca y arraigue el Reino de Dios entre los hombres.

En especial

Y como entre esa familia eucarística forman ya grupo numeroso las *Marías* y los *Discípulos de San Juan,* sacerdotes, seminaristas y seglares, buscan estas páginas de modo singular a ese grupo y a sus directores, predicadores y amigos.

Para qué los buscan

Para proponerles un viaje al *País de las Divinas sorpresas*. A pesar de la antigüedad y de la belleza de este país, ¡está tan poco transitado el camino que a él conduce, y son tan escasos los visitantes! ¿Conocéis este país? Es el *interior del Sagrario*. ¡Los encantos y maravillas que ahí se guardan!

¡El Sagrario visto, oído y gustado por dentro…!

I. VIAJE AL PAÍS DE LAS DIVINAS SORPRESAS

Este librillo, con el atrevimiento que dan las preferencias y distinciones del Corazón de Jesús en favor de lo menudo y humilde, se ofrece de guía para ese viaje y aspira, si no a enseñar todo lo que de admirable tiene el interior de ese bello país, por lo menos a meter ganas y a encender deseos de entrar, recorrerlo, admirarlo y... quedarse allí.

Lo que convendrá y gustará a los sacerdotes este viaje

¡Con qué gusto habla un sacerdote del Sagrario!, ¡del Sagrario en que vive el Jesús que lo ha hecho su consagrante, su repartidor, su guardián, su vecino, su confidente, su... inseparable!

¡El sacerdote y el Sagrario! ¡Dios mío!, ¡lo que da que decir y que pensar y que amar y que agradecer y que derretirse la unión de esas dos palabras!

¡Porque pensar que con valer tanto y tanto el Sagrario, la divina largueza lo ha unido tan estrechamente al sacerdocio, que sin uno no puede existir el otro!

¡Sin sacerdocio no hay Sagrario!

¡Qué alegría, amigos, inunda mi alma de sacerdote al ver mi vida tan entrelazada, por así decirlo, con la existencia del Sagrario!

¿Qué le importa a un sacerdote no ceñir a sus sienes coronas de conquistador, de héroe, de sabio o de otras grandezas de aquí de la tierra, si puede saborear ante el cielo y ante la tierra el gusto inacabable de esa palabra; *soy el hombre del Sagrario*?

Por eso

para la lengua y para la pluma de un sacerdote no hay tema de conversación ni más delicioso, ni más propio, ni más interesante, que el hablar del Sagrario. Tanto más, cuanto que ese Sagrario de sus amores y que se ha instituido para ser conocido, amado y frecuentado, padece desconocimientos y abandonos inconcebibles, no sólo por parte de los que viven lejos de él, sino de los que viven o debieran vivir cerca, muy cerquita...

La falta de ternura sacerdotal

A las veces, ¡echa tanto de menos el amigo Jesús del Sagrario las miradas y las palabras de cariño de sus sacerdotes! ¡La ternura de los sacerdotes cómo la ansía!

He observado que muchos favores y milagros del Evangelio fueron otorgados, más que a la fe de los que pedían, a la *ternura* con que se trataba al Corazón de Jesús.

Las hermanas de Lázaro no pidieron ni la salud ni la resurrección de su hermano enfermo y muerto; expusieron su estado, «está enfermo...», «hiede de cuatro días muerto», reprocharon a Jesús su tardanza en acudir, hicieron actos de fe en su poder, pero todo eso con una *ternura filial*... «el que amas...», «si hubieras estado aquí, no hubiera muerto».

Pregunto: si Lázaro no hubiera tenido hermanas tan tiernas para con Jesús, ¿hubiera resucitado? Yo creo que no. La resurrección de Lázaro y las lágrimas con que Jesús ablanda la piedra de su sepulcro son el fruto de la *ternura* para con Él.

Una comprobación de esta eficacia nos da la Sagrada Liturgia de la Misa, en los besos que al altar, al libro del Evangelio y a la patena da el sacerdote mientras celebra.

Fijaos: cada ósculo de esos va precedido o acompañado de la petición de un gran favor para sí y para la Iglesia, como remisión de pecados, participación de bendiciones y gracias, efusión de paz, etc.

Besando: ¿no es así como sacan los pequeñuelos de sus madres cuanto quieren?

La Iglesia, que conoce al Corazón de Jesús, y sabe cómo le gana la ternura filial, manda a sus sacerdotes que le pidan y le traten a besos...

¡Sí, los sacerdotes son los amigos, los *siempre llamados amigos* por Jesús, aun en el momento de besarlo para traicionarlo...!

Sacerdote hermano, ¿no vendrán tus decaimientos y desmayos, tus debilidades y caídas, tus desorientaciones y oscuridades de sobra de seriedad e incomunicación y falta de jugo de ternura con tu AMIGO el del Sagrario?

Y luego, ¡se parecen tanto y se diferencian tan poco estos dos términos: *Hostia consagrada y sacerdote!*

En qué se parecen y se diferencian una Hostia consagrada y un sacerdote

En qué se parecen

En lo que *son* y en lo que *hacen*. Una y otro son:

1. *Portador* de Cristo; aquella sustancialmente, éste en su palabra, en su poder y en su ejemplo o imitación, tanto de Dios, como de Hombre.

2. *Ocultador* de Jesucristo; la una tras sus especies, el otro tras su flaqueza física, moral y espiritual. ¡Qué designio tan misterioso y tan eficazmente misericordioso! Dios dándose a conocer *ocultándose;* primero en el seno de una Virgen, después en un pesebre y bajo pañales, más tarde triunfando sobre una pollina y luego sobre una Cruz y, para darse a conocer perpetuamente, y precisamente en ese conocimiento consiste la vida que Él trajo, *ocultándose* perpetuamente en la Eucaristía y en el sacerdote.

3. *Manifestador* de Jesucristo: ¡Qué bien venía a la soberbia del hombre, enfermo de esa sola enfermedad, llegar al conocimiento y amor de Dios, por el silencio y la abnegación de la Eucaristía y por la flaqueza del sacerdote!

En qué se diferencian

Las especies sacramentales son mudas e insensibles; el hombre sacerdote tiene lengua, cabeza, corazón, alma. Los accidentes sacerdotales tienen esta ventaja sobre los sacramentales, de dar compañía consciente y gustosa al Divino Ocultado. Y ahí mismo está el peligro de su desventaja; el olor, color, etc., de la Hostia no pueden darle gusto, pero tampoco disgusto ni contrariedad, mas los otros sí. ¡Qué valor el del amor del Corazón de Jesús entregándose a la custodia y defensa de unos accidentes de pan, pero cuánto mayor al confiarse al *hombre* del sacerdote!

Cuando se corrompen las especies sacramentales, se presentan los gusanos y Jesús se va.

Cuando se corrompe el sacerdote, ¡en medio de los gusanos, Jesús sigue viviendo!

Sacerdotes, hermanos míos, ¿habéis meditado en la pena y en la humillación del asco del limpísimo Jesús llevado, ocultado y manifestado entre gusanos...? Y por eso mismo, ¿en el empeño tan vivo que tiene de vuestra amistad tierna y fiel? Si san Agustín ha podido afirmar respecto a todos los fieles: *Jesús, tengo sed de tener sed de Ti*, ¿qué sed no tendrá de que la tengan de Él sus sacerdotes?

Sacerdotes, amigos de Jesús, ¡pie al estribo! y ¡en marcha, al *País de las Divinas sorpresas!*

II. LO QUE CONVENDRÁ Y GUSTARÁ A LAS «MARÍAS» Y ALMAS DE ACCIÓN ESTE VIAJE

Siendo la Obra de las Tres Marías[1] tan eucarística como evangélica, en nada pongo tanto empeño como en grabar ese doble carácter en ella.

1 Fundada por san Manuel González en 1910, la inicialmente «Obra de las Tres Marías y Discípulos de San Juan de los Sagrarios-Calvarios», actualmente es conocida y ha recibido la aprobación del Consejo Pontificio para los Laicos con el nombre de «Unión Eucarística Reparadora». No obstante, a lo largo de estas páginas, se ha visto conveniente respetar el texto cuando se dirige de forma más directa a «las Marías», que fueron las primeras destinatarias de estas reflexiones.

La Obra eucarística y evangélica

Tienen tanto relieve en el Santo Evangelio las Marías, se ven tan distintamente su acción, influencia, oficios y ocupaciones cerca de nuestro Señor Jesucristo, que la Obra venida a la vida para renovar y perpetuar los oficios de las mismas cerca del Corazón de Jesús Sacramentado, no tiene que hacer otra cosa que traducir a las Marías de hoy las páginas del Evangelio que retratan a las Marías de ayer.

¡Qué firmeza, consuelo y regocijo da a mi alma ver reunidas en la Obra de todos mis amores, las dos cosas que yo más quiero: La Eucaristía y el Evangelio! ¡Aquella por lo que es y este por lo que cuenta! ¡Qué dentro del espíritu de la Santa Madre Iglesia y de su sentir tradicional me siento, cuando dedico la actividad de mi pluma, de mi pensamiento y de mi corazón a meter en mi alma y en la de los fieles los dos grandes amores cristianos!

Sus oficios en el Evangelio y en el Sagrario

Firme en este propósito, he señalado como oficios esenciales de las Marías de los Sagrarios–Calvarios los oficios que en el Evangelio tuvieron las primeras Marías:

- Servirlo (*Mt* 27,55)
- Comprar aromas para ir a embalsamar a Jesús (*Mc* 16,1)
- Golpearse el pecho y lanzar lamentos por Él (*Lc* 23,27)
- Estar junto a la cruz (*Jn* 19,25)

Fiel a esta orientación he compuesto e incluido en el *Manual de las Marías* el *Vía–Crucis eucarístico* y, movido de este mismo deseo, añado ahora estos *ensayos de Meditaciones del Evangelio ante el Sagrario*.

Yo desearía por medio de estos ratos de meditación evangélica ante el Sagrario meter muchas ganas a las almas de entrarse dentro del Sagrario y enterarse de sus secretos y por añadidura y consecuencia llevar a las Marías a la perfecta imitación de sus hermanas mayores.

¿Cuál fue la ocupación principal y el oficio más ejercitado de aquellas Marías cerca de Jesús? No ciertamente el de ungir su cuerpo, que no fue menester más que una sola vez, ni el de servirle, que no eran necesarios sus servicios cada hora.

El oficio de las Marías del Evangelio *siempre* ejercitado y el que podría llamar característico, fue el de *estar con Jesús, supliendo lo que podía echar de menos.*

Tener para el Maestro unos ojos que *siempre* le miraran, unos oídos que *siempre* le escucharan, unos pies que *siempre* le siguieran, un corazón que *siempre* latiera al unísono con el de Él, y esto más que por conveniencia o recreo propios, para gusto y reparación y gloria de Él; éste fue el gran oficio de las Marías.

El gran oficio

Almas verdaderamente felices fueron las primeras que en unión de María Inmaculada comenzaron a gustar las delicias de emplear la vida en *estarse amando al Amado*, que luego tan finamente cantara san Juan de la Cruz.

De modo que una María del Sagrario debe ser un alma que más que en otra cosa, por buena que sea, se ocupe en *estarse* con el Corazón de Jesús en sus Sagrarios, un alma que no se canse de mirar, oír, seguir y hablar al Jesús de su Sagrario, y esto más porque *Él se lo merece*, que porque a ella le conviene, con convenirle tanto.

Cierto que en el presente estado del Corazón de Jesús en sus Sagrarios–Calvarios, necesita de todos los oficios de sus Marías, *constantemente*.

Constantemente necesita que le *sirvan* satisfaciendo su hambre *de ser comido* con Comuniones y visitas propias y buscadas, que lo *unjan* con aromas de virtudes, obras de celo y ejemplos buenos en esos Sagrarios que sólo huelen a humedad, que le *lloren* y compadezcan porque habla y no es oído, espera y nadie acude, llama y es despreciado... pero también es cierto que si esas Marías no están *llenas*, si vale decirlo así, de la mirada, de la palabra y de la presencia del Jesús de su Sagrario, aquellos oficios se prestarán sin delicadeza o sin constancia.

Las Marías más activas, más sólida y perseverantemente activas serán siempre las más contemplativas.

¡Cómo quisiera yo que se grabara esa verdad en el corazón de todas las Marías y de todos los que trabajan en la viña del Señor! ¡Cómo quisiera que el Corazón de Jesús diera el don de convencer, persuadir, arrastrar, a mi palabra, para predicar a las almas activas la necesidad, trascendencia y fecundidad de ese *estarse en el Sagrario* y solamente porque el *Amor* que allí mora no es amado y está abandonado...!

Precisamente
para ayudarles en ese dulcísimo oficio vienen estas páginas.

No todas las almas, sino muy contadas, llegan a la oración de quietud y contemplación, por la que sin trabajo ninguno y sin auxilio de voz escrita ni hablada penetran los más sublimes arcanos de las cosas santas y en ellas se pasan las horas derretidas de dulcísimo amor.

Las que no han llegado, han de echar mano de otros medios y auxilios para llegar a esas alturas.

Y ¿quién mejor y con más seguridad que el santo Evangelio podrá introducirnos en las interioridades misteriosas del Sagrario? ¿Qué medio más proporcionado que un rato de meditación sobre un trozo de Evangelio para ver y oír *por dentro* el Sagrario?

A eso vienen

esos puntos de meditación sobre el Evangelio y la Eucaristía; no es un libro lo que he intentado escribir, es un ensayo, una iniciación, una mano que doy para que las Marías y las almas de acción den ese rumbo a su piedad, a sus Comuniones, a sus meditaciones y a sus ratos de Sagrario, que mucho les valdrá para formarlas *Marías de verdad* y piadosas de buena ley. ¡Las desea y necesita tanto el Corazón de Jesús Sacramentado!

Con este fin me propongo despertar la *curiosidad*, que nunca como en este caso puede llamarse *santa*, de saber, o mejor, sorprender *lo que hace, dice y siente el Corazón de Jesús en el Sagrario*, y prometo agradabilísimas sorpresas, descubrimientos utilísimos, lejanías y perspectivas no soñadas, a los que se dejen picar de esta curiosidad.

Estoy seguro de que estos, una vez interesados por los descubrimientos, no se acostumbrarán a ir al Sagrario sin el Evangelio, ni acertarán a leer éste sino a la luz de la lámpara del Sagrario.

Dichoso yo

si consigo iniciar en los encantos de esa *vida contemplativa* a las Marías y a toda la familia eucarística, y dichosos estos renglones si sirven para despertar en ellas el ansia de *estarse en el Sagrario* viendo, oyendo, amando y consolando al Amor tan poco amado y tan desairado, y dichosos ellos y yo si conseguimos que este librillo sea viaje de *ida sin vuelta* al *País* de las *Divinas sorpresas.*

Nota

Para que puedan servir de preparación y acción de gracias de vuestra Comunión y a la par de meditación de esos *ratos de conversación afectuosa con el Corazón de Jesús ante su Sagrario*, recomiendo la lectura de mi librito «Mi Comunión de María».

III. EL CORAZÓN DE JESÚS, A PESAR DE SU INMOVILIDAD Y SILENCIO APARENTES EN EL SAGRARIO, NO ESTÁ OCIOSO NI CALLADO

Y la virtud del Señor estaba allí
para sanarlos
Lc 5,17

He aquí una pregunta que a no pocos cristianos y, diré más, piadosos, dejará perplejos:

¿Qué hace y qué dice el Corazón de Jesús?

¡No habían parado mientes en que en el Sagrario hay quien pueda hablar y hable!, ¡quien pueda obrar en el Sagrario virtud!

¿Verdad que para muchos cristianos la idea del Sagrario es esto: Un lugar de mucho respeto, porque en él habita un Señor muy alto, muy grande, muy poderoso, todo majestad, pero *muy callado y muy quieto?*

Y no es

que no crean que Jesucristo en el Sagrario esté *todo entero* como en el Cielo.

Creen ciertamente que está allí con divinidad y alma y cuerpo y por consiguiente con ojos que ven, con oídos que oyen, con manos que se pueden mover, con boca que puede hablar...

Sí, la fe de todo esto la tienen, pero es una fe que se quedó sólo en la cabeza y no bajó al corazón y mucho menos a la sensibilidad.

Es una fe que, por quedarse allí estancada, apenas se ha convertido en *luz* de aquella vida, en criterio, en *calor*, en amor, en persuasión íntima, en entusiasmo, en impulsor de acción y de acción decidida.

Le pasa a esa fe

lo que a las semillas de plantas grandes sembradas en macetas pequeñas.

Por muy fecunda que sea la semilla, por mucha agua y luz con que la regaléis, si no dais a sus raíces tierra y lugar para su expansión, no conseguiréis sino una planta raquítica y encogida.

Y hay cristianos que hacen eso mismo con su fe, de tal modo la *ahogan* en su rutinario modo de ver y entender que, sin que se pueda negar que tienen fe, ésta apenas si da señales de vida y de influencia.

Me he convencido

hace tiempo de que el mal de muchísima gente no es no *saber* cosas buenas, sino no *darse cuenta* de las cosas buenas que saben.

Mucha ignorancia hay, y de cosas religiosas es una ignorancia que espanta; pero con ser tan grande, es mucho más la que yo llamaría *falta de darse cuenta.*

Y prácticamente, creo, que es causa más frecuente de la indiferencia religiosa y de tanta clase de pecados públicos y privados, como hoy lamentamos, la falta de darse cuenta, que la falta de saber.

La mayor parte de los cristianos que viven sin cumplir con ninguno de los preceptos que su religión les impone, *saben* que tienen obligación de oír Misa los domingos y fiestas, de confesar y comulgar una vez al año, etc.; todos esos tienen *fe* en la Misa, en la Confesión, en la Comunión, en la autoridad docente de la Iglesia, y, sin embargo, no practican, ni se inquietan por no practicar.

Yo creo que su mal está en que han metido su fe en la *maceta* de sus rutinas, de sus comodismos, de sus idiosincrasias, de su egoísmo, ya dije la palabra, de su egoísmo, porque éste es el *único interesado* en tener encerrada y ahogada la fe en el alma.

Así como la humildad y la caridad, si no son la sabiduría, son los elementos que mejor preparan para recibirla y fomentarla, la soberbia y el amor propio, que son los componentes del egoísmo, entorpecen, inutilizan y paralizan la ciencia adquirida.

El remedio
por consiguiente, estará en tratar de hacer añicos esa *maceta* para que la fe, como las raíces de la planta cautiva, se extienda libre por toda su alma, y se convierta en amor, y en obras y en hábitos de vida recta cristiana.

Y en nada se echa de ver tanto esa *falta de darse cuenta*, como en la conducta de los cristianos con respecto a la Santa Eucaristía.

Todos saben lo que allí hay, pero ¡qué pocos se *dan por enterados*!

¡Qué feliz
sería yo si consiguiera con mis escritos despertar en algunos cristianos el *sentido de darse cuenta* de la Eucaristía! ¡Qué feliz si por resultado de estas lecturas algunos cristianos se levantaran decididos a ir al Sagrario para *ver* lo que allí *se hace* y para *oír* lo que allí se *dice* por el más bueno y más constante de nuestros amadores!

Porque sabedlo
Cristianos, el Corazón de Jesús no está en el Sagrario ni callado ni ocioso.

IV. EL SAGRARIO ES EL LUGAR DE LA TIERRA EN DONDE SE HABLA MÁS Y MEJOR Y SE TRABAJA MÁS ACTIVA Y FECUNDAMENTE

¿Hacer? ¿Decir? Pero ¿quién puede averiguar lo que se dice y se hace en un lugar en el que ni se oye ni se ve nada?

¡Está tan callado y tan quieto el Señor en el Sagrario que parece que en él no pide otro homenaje que el de nuestra adoración en silencio!

Yo os digo, sin embargo, que no hay en toda la tierra un lugar en donde *se hable más* y *mejor* y *se trabaje más activa y fecundamente.*

No es al oído y al ojo de la carne a quienes toca oír y ver esas cosas, sino al oído y al ojo del alma. Con ellos atentos vamos a oír y a ver lo que se dice y se hace en el Sagrario.

Y como no quiero

que me creáis en materia de tanta monta por mi sola palabra, y como deseo que se tenga lo que yo afirmo del Sagrario como una realidad y no como una ilusión más o menos piadosa o como alegorías mejor o peor compuestas o aplicadas, propongo a los que me lean el siguiente interrogatorio del cual sacarán la demostración concluyente de que en el Sagrario *se dice* y *se hace* en medio de su silencio y quietud.

¿Es de fe

que nuestro Señor Jesucristo está *todo* entero en la Hostia consagrada?

–Sí.

Si está *entero* allí, ¿no es verdad que tendrá *boca* y *ojos* y *manos* y *corazón?*

Y, aunque para nuestra insuficiencia sea un misterio el *modo sacramental*, o sea cómo está nuestro Señor Jesucristo en la Hostia consagrada, ¿podrá creerse que estén privados de su ejercicio legítimo o por lo menos de su virtud o poder todos sus miembros y facultades de hombre verdadero?

–No.

De manera que si Jesucristo tiene *boca* en la Santa Eucaristía, *puede hablar* con ella; si tiene *ojos, puede ver* con ellos; si tiene *Corazón, puede amar* con él, de modo misterioso, es cierto, como misterioso es el modo que tiene en la Santa Hostia, pero no menos verdadero y real.

¿No es esto?

–Sí.

El único reparo que podría oponerse a esa doctrina es que los ojos y los oídos de nuestra cara no ven ni oyen nada de eso en el Sagrario; pero contra ese reparo se alzan la razón recta y la fe sobrenatural para decir muy alto que el Jesucristo del Sagrario es tan grande que tiene infinitos modos de ser percibido y que nuestros sentidos son tan chicos que no pueden aspirar a percibir a Jesucristo en todos sus modos, sino sólo en el que Él se les quiera mostrar.

Un ejemplo

aclarará esta doctrina. Tomad una pintura de arte, de mucho arte. Ese cuadro, lo ven un niño, un hombre ignorante, un artista y otro artista de escuela contraria.

Pedid a todos los que están delante del cuadro que se fijen bien en él, en sus pormenores y en su conjunto.

Cuando lo hayan visto y examinado bien todos, llamad separadamente a cada uno y preguntadle lo que ha visto. Yo os aseguro que no encontraréis dos que hayan visto lo mismo; unos alaban una cosa, otros censuran otra; encontraréis más; mientras uno de ellos os dirá que aquello es una magnífica obra de arte, otro os asegurará con el mayor desparpajo que aquello no es ni más ni menos que unos cuantos borrones en un trapo.

¿Qué os dice eso? Que las cosas, mientras más buenas, tienen más modos de ser percibidas y que el hombre, mientras más ignorancia o más pasiones tiene, ve menos.

¿Verdad que sería una pretensión estúpida la del que dijera que el cuadro en cuestión no debía ser declarado obra de arte, hasta que lo proclamaran *todos* los hombres, sabios e ignorantes?

Este es el caso

¿Podrá negarse fundadamente que Jesucristo dice o hace, está de este modo o del otro en el Sagrario porque los más groseros instrumentos de percepción y del ser racional no lo perciben?

¡Bien parada quedaría la grandeza y el poder de Jesucristo si tuviera que amarrarse a nuestros ojos y oídos de tal modo que no pudiera manifestarse ni obrar sino de manera que estos dieran testimonio de Él!

Sí, amigos míos, a la grandeza de Jesucristo corresponde hablar tan fina y dulcemente que nuestros toscos oídos no lo perciban, a su Majestad soberana toca manifestarse tan soberanamente hermoso o tan delicadamente sutil que nuestros toscos ojos no lo alcancen si no se deja.

¡A ver!

¿Quién es tan osadamente ruin que se atreva a prohibir a Jesucristo el paso o la estancia en el Sagrario porque no se deja medir por su vista o por su oído?

¿Lo oís bien? ¡A Jesucristo, que entra en el mundo pasando por el seno de su Madre sin romperlo ni mancharlo, que se transfigura en el Tabor, que anda sobre las aguas con los pies enjutos, que muere cuando quiere y que se resucita a sí mismo, que se aparece a la Magdalena y a sus discípulos, y no *se deja conocer* sino *cuando quiere* y de los que quiere, que penetra en la casa de sus apóstoles con las puertas cerradas...!

Ese Jesucristo que domina el espacio, la óptica, la acústica, la extensión, la velocidad y las propiedades de la materia y de la inteligencia del hombre, ¿no va a poder estar o hablar en el Sagrario sin que los ojos y los oídos del hombre pobrecillo le den el permiso o el visto bueno?

Sí, lo repetiré: Jesucristo, a pesar de su silencio y quietud del Sagrario, *dice* y *hace*...

V. EL REVELADOR DEL SAGRARIO

El que os oye, a Mí me oye
Lc 10,16

Después de haber demostrado en el artículo anterior que en el Sagrario no está el Corazón de Jesús ni mudo ni ocioso, todavía me sale al paso otro reparo.

Conforme, podría objetar alguno, con que el Corazón de Jesús diga y haga en su vida de Sagrario, pero siendo tan misterioso su modo de estar allí, ¿cómo y por dónde vamos a saber lo que dice y hace?, ¿cómo sorprender el secreto de esas inefables conversaciones y operaciones? ¿Será cosa de acudir a revelaciones de almas regaladas con confidencias sobrenaturales no concedidas al común de los fieles?

¿Será menester esperar milagros o extraordinarias manifestaciones del Dios oculto del Sagrario?

Si aplicando nuestros oídos y nuestros ojos a aquellas puertecitas doradas, nada aprendemos de lo que nuestra fe nos dice allá dentro, ¿por dónde, por dónde enterarnos de cosas que tan de cerca nos tocan y tanto han de aprovecharnos? ¿Quién nos va a revelar esos tesoros de bellezas y maravillas?

Hora

es ya de descubriros al gran *revelador* del Sagrario, el gran *confidente* que está en el secreto suyo, el *amigo íntimo* que nos puede hacer entrar en ese alcázar de las misteriosas maravillas del Sagrario.

Tenéis prisa por saber su nombre, ¿verdad?

¡El Evangelio!

Es ese el dedo poderoso que va a levantar ante vuestra vista asombrada el velo de aquellos arcanos, y ese es el mensajero que Dios bueno os envía para que vuestros ojos y vuestros oídos de carne puedan ver y oír, sin milagro ni revelaciones especiales, lo que en el Sagrario se dice y se hace.

¡El Evangelio!

¿Pero os habéis fijado en lo que es y lo que vale el Evangelio?

Algunas veces
nos hemos lamentado de que no se hubiera conocido el arte de la fotografía en los tiempos de la vida mortal de nuestro Señor Jesucristo para haber tenido el consuelo, grande por cierto, de conservar su retrato. ¡Qué alegría poder recrearse en una fotografía de la que pudiéramos decir: ese era Él!

Ese retrato, sin embargo, no nos había de dar más alegría que la que nos proporciona el Evangelio.

Una fotografía de Jesucristo, por muy bien hecha que hubiera resultado, sería siempre un retrato de Él por *fuera* y en una sola actitud; el Evangelio es el retrato de Jesucristo por *dentro* y por *fuera* en variadísimas actitudes.

¿Os habéis dado bien cuenta del valor de un libro que nos retrata al vivo al ser más querido de nuestro corazón, en sus lágrimas de pobre y de perseguido y sus triunfos de Rey y de Dios, que nos conserva la descripción de sus hechos, de sus milagros y de sus virtudes, nos guarda sus sentencias, sus parábolas y sus promesas, y que, para prevenir toda duda y matar toda incredulidad, se nos presenta con todas las garantías humanas y divinas de autenticidad?

No es un santo más o menos regalado por Dios de celestiales revelaciones, no es un milagro atestiguado por mayor o menor número de testigos, es la misma Tercera Persona de la Trinidad augusta la que se ha cuidado de velar por la exactitud y verdad de ese retrato del Hijo de Dios hecho hombre.

Amigos, demos una y muchas veces gracias al Espíritu Santo por el riquísimo regalo del Evangelio de nuestro Señor Jesucristo.

Démosle muchísimas gracias porque nos ha hecho conocer *de cierto* lo que dijo, hizo y hasta lo que pensó y deseó Jesucristo nuestro Señor en los años que mediaron entre su Encarnación y su Ascensión.

Por el Evangelio tenemos la *dulcísima seguridad* de decir cuando rezamos: así rezó mi Maestro Jesús; y cuando perdonamos una ofensa: así perdonó mi Maestro Jesús; y cuando escasea el pan que llevar a nuestra boca y no tenemos techo bajo el cual cobijarnos: así vivió mi Maestro Jesús; y cuando se nos presente la cruz para vivir o morir en ella: así vivió y murió mi Maestro Jesús...

¡Bendita y dulce seguridad!

Y ¡qué!

¿No podremos tener esa misma seguridad con el Jesucristo del Sagrario?

Ya lo iremos viendo.

Parte I

Qué hace
el Corazón de Jesús
en el Sagrario

Mi Padre, hoy como siempre,
está obrando incesantemente
y yo ni más ni menos
Jn 5,17

1. EL CORAZÓN DE JESÚS ESTÁ AQUÍ

«El Maestro está ahí»
Jn 11,28

Llamo tu atención, toda tu atención, María del Sagrario Calvario y tú lector quienquiera que seas, sobre la ocupación primera que he descubierto del Corazón de Jesús.

Así, *estar* y no añado ningún verbo que exprese un fin, una manera, un tiempo, una acción de ese estar.

No te fijes ahora en que está allí consolando, iluminando, curando, alimentando..., sino sólo en esto, en que *está.*

Pero ¿eso es una ocupación?, me argüirá alguno. ¡Si parece que *estar* es lo opuesto a *hacer!*

Y, sin embargo, te aseguro después de haber meditado en ese verbo aplicado al Corazón de Jesús en su vida de Sagrario, que pocos, si hay alguno, expresarán más actividad, más laboriosidad, más amor en incendio que ese verbo *estar.*

¿Vamos a verlo?

Estar, significa en el Sagrario, *venir* del cielo todo un Dios, *hacer* el milagro más estupendo de sabiduría, poder y amor para poder llegar hasta la ruindad del hombre, *quedarse quieto, callado y hasta gustoso,* lo traten bien o lo traten mal, lo pongan en casa rica o miserable, lo busquen o lo desprecien, lo alaben o lo maldigan, lo adoren como a Dios o lo desechen como mueble viejo... y repetir eso mañana y pasado mañana y el mes que viene y un año y un siglo y hasta el fin de los siglos... y repetirlo en este Sagrario y en el del templo vecino y en el de todos los pueblos... y repetir eso entre almas buenas, finas y agradecidas, y entre almas tibias, olvidadizas, inconstantes y entre almas frías, duras, pérfidas, sacrílegas...

Eso es *estar* el Corazón de Jesús en el Sagrario, poner en actividad infinita un amor, una paciencia, una condescendencia tan grandes por lo menos como el poder que se necesita para *amarrar* a todo un Dios al carro de tantas humillaciones.

¡Está aquí!

¡Santa, deliciosa, arrebatadora palabra que dice a mi fe más que todas las maravillas de la tierra y todos los milagros del Evangelio, que da a mi esperanza la posesión anticipada de todas las promesas y que pone estremecimientos de placer divino en el amor de mi alma!

Está aquí

Sabedlo, demonios que queréis perderme, que tratáis de sonsacarme, enfermedades que ponéis tristeza en mi vida, contrariedades, desengaños, que arrancáis lágrimas a mis ojos y gotas de sangre a mi corazón, pecados que me atormentáis con vuestros remordimientos, cosas malas que me asediáis, sabedlo, que el Fuerte, el Grande, el Magnífico, el Suave, el

Vencedor, el Buenísimo Corazón de Jesús está *aquí, ¡aquí* en el Sagrario mío!

* * *

Padre eterno, ¡bendita sea la hora en que los labios de vuestro Hijo unigénito se abrieron en la tierra para dejar salir estas palabras: *«¡Sabed que yo estoy todos los días con vosotros hasta la consumación de los siglos!»*.

Padre, Hijo y Espíritu Santo, benditos seáis por cada uno de los segundos que está con nosotros el Corazón de Jesús en cada uno de los Sagrarios de la tierra.

¡Bendito, bendito *Emmanuel!*

2. EL CORAZÓN DE JESÚS ESTÁ MIRÁNDOME

Y viéndola Jesús, le dijo:
Hija, ten confianza
Mt 9,22

El Corazón de Jesús en el Sagrario me *mira.*

Me mira *siempre.*

Me mira en *todas partes...*

Me mira como si no tuviera que mirar a nadie más que a mí.

¿Por qué?

Porque me quiere, y los que se quieren ansían mirarse.

A la madre que se lleva las horas muertas sin hablar y casi sin respirar, junto a su hijito que duerme, preguntadle qué hace y os responderá: miro a mi hijo...

¿Por qué? Porque lo quiere con todo su corazón y su cariño le impide hartarse de mirarlo.

Y su pena, ¿sabéis cuál es?: no poder seguir al niño de su corazón con su mirada siempre, ahora de niño y después de hombre. Si ella pudiera no perderlo de vista, ¡cómo gozaría, cómo defendería, cómo acompañaría a su hijo...!

¡Cómo sienten las madres no tener un *cariño omnipotente!*

Pero el Corazón de Jesús nos quiere, digo más, me quiere a mí y a cada cual con un cariño tan grande como su poder, y su poder ¡no tiene límites! ¡Un cariño omnipotente!

¡Sí, Él me sigue con su mirada, como me seguiría mi madre, si pudiera!

Alma, detente un momento en saborear esta palabra: *El Corazón de Jesús está siempre mirándome.*

¿Cómo?

Hay miradas de espanto, de persecución, de vigilancia, de amor.

¿Cómo me mira a mí el Corazón de Jesús desde su Eucaristía?

Ante todo te prevengo que su mirada no es la del ojo justiciero que perseguía a Caín, el mal hermano.

No es aquella mirada de espanto, de remordimiento sin esperanza, de justicia siempre amenazante. No, así no me mira ahora a mí.

¿Cómo? Vuelvo a preguntar.

El Evangelio me responde:

Las tres miradas del Corazón de Jesús

Una es la mirada que tiene para los amigos que *aún no han caído*, otra es para los amigos que *están cayendo* o *acaban de caer* pero quieren levantarse y la otra para los que *cayeron* y *no se levantarán porque no quieren.*

Con la primera mirada

regaló al joven aquel que de rodillas le preguntaba: Maestro bueno, ¿qué he de hacer para conseguir la vida eterna?

El Evangelista san Marcos (cap. 10), a más de la respuesta que de palabra le da el Maestro bueno, pone en la cara de éste otra respuesta más expresiva: El Maestro, *mirándolo de hito en hito,* lo amó.

¡Mirada de complacencia, de descanso, de apacible posesión con que el Corazón de Jesús envuelve y baña a las almas inocentes y sencillas, que como la de aquel, «había guardado los mandamientos desde su juventud»!

La segunda mirada

Tiene por escena un cuadro triste: ¡El patio del Sumo Sacerdote!

Allá dentro, Jesús está sumergido en un mar de calumnias, ingratitudes, malos tratos...; fuera, Pedro, el amigo íntimo, el hombre de confianza, el confidente del perseguido Jesús, negándolo una, dos, tres veces con juramento y con escándalo...

¿Qué ha pasado? Pedro ha echado a correr aguantando con sus manos cerradas lágrimas que brotan de sus ojos.

Es que el *Reo* de allá dentro, «volviéndose Jesús, le echó una mirada a Pedro», ha saltado por encima de todos sus dolores, ha vuelto la cara atrás y *ha mirado al amigo que caía.*

¡Mirada de *recuerdos* de beneficios recibidos, de *reproches* que duelen y parten el alma de pena, de invitación a llanto perenne, de *esperanza*, de perdón...!

La tercera mirada

¡Que desoladora! ¡El Maestro, sobre lo alto de un monte, cruzados los brazos, mira a Jerusalén y llora...!

¡Qué triste, que desconsoladoramente triste debe ser la mirada de Jesús sobre un alma que ciertamente se condenará!

Cruza los brazos porque la obstinación y dureza de aquella alma frustra cuanto por ella se haga, y llora porque... eso es lo único que le queda que hacer a su Corazón.

Hermanos, ¿con cuál de estas tres miradas seremos mirados? ¡Qué buen examen de conciencia y qué buena meditación para delante del Sagrario!

Corazón de mi Jesús

que vives en ese mi Sagrario, y que no dejas de mirarme, ya que no puedo aspirar a la *mirada de complacencia* con que regalas a los que *nunca cayeron*, déjame que te pida la *mirada del patio de Caifás*.

¡Me parezco tanto al Pedro de aquel patio! ¡Necesito tanto tu mirada para *empezar y acabar* de convertirme!

Mírame mucho, mucho, no dejes de mirarme como lo miraste a él, hasta que las lágrimas que tu mirada arranquen, abran surcos si no en mis mejillas como en las de tu amigo, al menos en mi corazón destrozado de la pena del pecado.

Mírame así: te lo repito, y que yo me dé cuenta de que me miras siempre. ¡Que yo no quiero verte delante de mí llorando y con los brazos cruzados... que soy yo el que quiere y debe llorar!

¡Tú, no!

3. EL CORAZÓN DE JESÚS ESTÁ EXHALANDO VIRTUD

De Él salía virtud
y sanaba a todos
Lc 6,19

Como el agua del arroyo exhala frescura y humedad, aunque nadie se acerque a sus riberas, como la rosa exhala perfumes, aunque nadie se incline a olerla, así el Corazón de Jesús que vive en el Sagrario está siempre *exhalando virtud*, abandonado y solo.

Me lo dice el Evangelio

¿Quieres, *María* del Sagrario, que nos detengamos a saborear esas palabras? ¡Descubren a tu fe, a tu confianza y a tu dicha un mundo tan dilatado!

De Él, es decir, del Jesús que entonces andaba por las calles y plazas y que ahora vive en los Sagrarios, de Él *salía virtud.*

¿Cuándo?

El Evangelio no señala tiempo ni pone limitaciones.

De Él salía virtud *siempre;* lo mismo cuando se inclinaba ante el joven muerto de Naín para resucitarlo, que cuando era cercado y oprimido por la muchedumbre que quería oírlo; lo mismo cuando recién nacido atrae sobre su cuna los cánticos de los ángeles del cielo y los cariñosos obsequios de pastores y reyes que cuando muerto hace oscurecer el sol, estremecer a los cadáveres en sus sepulcros y quebrantar las piedras.

De Jesucristo salía siempre virtud.

¿Cómo?

¿Cómo era esa virtud? El Evangelio también me ha hecho la merced de explicarme la naturaleza de esa virtud.

¡Cuánto debemos al Evangelio!

¡Sanaba!

Jesucristo, como Dios que es, tiene poder para dejar salir de Él muchas clases de virtud.

Virtud de creador, de dominador, de aniquilador, de juez, no eres tú la virtud que salía de mi Señor Jesucristo.

¡Virtud de sanar!

Esa es la virtud que, como aroma exquisito, esparcía en torno suyo el fruto bendito de la Madre Inmaculada.

¡Sanar!

¡Cuadra eso tan bien al que se hizo Médico para buscar, no sanos, sino enfermos, pecadores y no justos!

¡Necesitaba tanto de esa virtud nuestra pobre naturaleza!

¡Sabía Él tan bien que venía a tierra de enfermos del cuerpo muchos, del alma todos!

Virtud de sanar: ¡cuánta falta hacías a tanto paralítico, ciego, sordo, mudo, herido, muerto, no sólo del cuerpo, sino del alma!

Y ¿alcanzará a muchos?

¡No tengáis miedo, enfermos que esperáis que os toque la virtud de Jesucristo!

Que no es virtud para uno solo por cada año como en la piscina de Bethesda, que no es virtud para los hombres de una edad o de un pueblo, como la que han tenido los santos taumaturgos; no tengáis miedo, que esta virtud es para todos.

Para todos

¿Lo oís bien? Para todos los hombres, de todos los tiempos y de todos los pueblos.

¿No os habéis fijado en la palabra tan amplia del Evangelio: *todos?*

¡Cómo ensancha mi alma esa palabra, *todos!*

De modo que yo, pobrecilla criatura, que he venido al mundo veinte siglos después de haber pasado por él Jesucristo exhalando virtud, ¿puedo esperar que a mí me toque también esa virtud?

¿Sí?

Pero, ¿en dónde me encontraré con Él?

¡Soberana realidad de los Sagrarios cristianos, ven a dar a mi alma la respuesta y la seguridad de su dicha! Dile que sí, que el Jesús de la virtud aquella vive todavía y vive muy cerca de mí, junto a mi casa, ¡en el Sagrario!

Di a mi alma y di a todas las almas que quieran oír, que en el Sagrario vive el mismo Jesús de Jerusalén y Nazaret, con su mismo Corazón tan lleno, tan rebosante de virtud de sanar y tan abierto para que salga perennemente en favor de todos...

Desde que he meditado así el Sagrario, ¡cómo se ha agrandado ante mis ojos y ante mi corazón!

El Sagrario no está ya limitado por las cuatro tablas que lo forman, ni aun por los muros que lo cobijan. El Sagrario se extiende mucho más. El Sagrario será el límite de las especies sacramentales, pero no de la virtud que debajo de ellas constantemente brota.

Yo ya miro al Sagrado Corazón de Jesús en el Sagrario como un *sol* que irradia luz, calor y vida del cielo en torno suyo en una gran extensión, como un *manantial* de agua medicinal siempre corriente en muchas direcciones, como un delicioso *jardín* esparciendo siempre los aromas más exquisitos...

¡Ay!, si nuestros sentidos no fueran tan groseros, ¡qué impresiones tan deleitosas recibirían alrededor de los Sagrarios! ¡Cómo me explico ahora aquella atracción que se dice sentían algunos santos hacia el Sagrario, aun ignorado, por cuyas cercanías pasaban!

¿No sería quizás que sus sentidos espiritualizados percibirían ya el *ambiente* del lugar de los Sagrarios?

¿Te vas enterando

ahora, *María* del Sagrario, lo que significa esa frase sobre la que quizás habrás pasado muchas veces distraída: *tener Sagrario?*

¿Ves ahora lo mal que se unen estas dos ideas: tener Sagrario y seguir siendo desgraciado?

¡Pues qué!, la *virtud* aquella de *sanar* que *exhala siempre* para *todos* el Corazón de Jesús de aquel Sagrario, ¿no es bastante para acabar con todas tus desgracias?

¡Jesús sacramentado!

En esa *oscuridad*, en que el abandono de los hombres te tiene sumergido, te confieso *Luz* de la luz de Dios y *única Luz* del mundo.

En ese *silencio*, a que voluntariamente te has reducido ahí, yo te proclamo *Palabra* substancial de Dios y *única Palabra* creadora, restauradora, glorificadora y deificadora.

En esa *inmovilidad*, a que te has obligado ahí, yo te reconozco *Vida* de Dios y *única Vida* de todo lo que vive.

Adoro te devote	Te adoro con devoción
latens Deitas...	Dios escondido...
Simul et Humanitas.	También en tu humanidad.

4. LA VIRTUD DEL CORAZÓN DE JESÚS ESTÁ NO POCAS VECES DESPERDICIADA

Y dijo Jesús:
¿Quién me ha tocado?
Lc 8,45

¿Por qué, a pesar de esa virtud de *sanar* que del Corazón de Jesús brota incesantemente en el Sagrario, quedamos aún tantos *enfermos?*

No soy yo, sino el Evangelio mismo el que va a responder con el relato de una historia interesante.

Una mujer
enferma, hacía doce años, de enfermedad incurable, ve pasar no lejos de su casa al *Galileo santo de quien salía virtud de curar.*

–¡Quién hablara con Él, quién apretara sus manos hacedoras de maravillas, quién estampara un beso en sus pies benditos! ¡Si yo lo tocara!

¡Pero Él, tan grande, tan puro, tan ocupado, tan solicitado por la muchedumbre... y yo tan insignificante, tan débil... y mi enfermedad tan vergonzosa...!

¡Si yo consiguiera al menos tocar la orla de su capa, vaya si me curaría!

Y entre tímida y confiada se mezcla con la turba que trabajosamente dejaba avanzar a Jesús.

Había llegado hasta Él por detrás y llevado sus manos primero y después sus labios al filo de su manto.

¡Estaba curada!

Mas Jesús, como movido por secreto resorte, vuelve los ojos atrás, mira y dice: Alguien me ha tocado, pues he sentido salir virtud de Mí.

¿Cómo? –responden sus discípulos– ¿cómo dices que quién te ha tocado, si estas muchedumbres no dejan de oprimirte?

Pero allí estaba para responder por los discípulos la que había tocado de aquella manera especial al Maestro.

Trémula y confusa se coloca delante de Él y de rodillas le cuenta toda la verdad.

Jesús la levanta, diciéndole en el más suave de todos los acentos: Confía, hija, tus pecados te son perdonados...

La que iba buscando la salud de su cuerpo, se levantó curada en su cuerpo y en su alma...

Ahora

os invito, Marías de los Sagrarios y almas de fe, a un poco de meditación sobre este relato.

De esta meditación yo saco unas cuantas enseñanzas muy propias para los que *andamos* cerca del Sagrario.

La primera es que no basta *estar* en el Sagrario para llenarse o aprovecharse de la virtud que de él brota.

Muchos estaban junto al Maestro y no salían curados ni en sus cuerpos ni en sus almas.

La segunda enseñanza que saco es que para *sacar virtud* del Sagrario hace falta *tocar* y *saber tocar* al Corazón de Jesús que está en él.

¡Saber tocar!

¡Qué!, ¿no es eso lo que quiere decir aquel «quién me ha tocado», en medio de aquella muchedumbre que le tocaba hasta oprimirlo?

Los discípulos, quizá sin darse cuenta, han puesto un nombre adecuado a lo que hacen con Jesús muchos que andan con Él: «Las muchedumbres te rodean y te oprimen».

¡Oprimir a Jesucristo!

¡Dios mío!, ¡qué miedo he sentido al fijarme en esa palabra!

¡Qué miedo y qué pena en pensar que no pocas veces las muchedumbres que llenan tus templos y aun tus Sagrarios, están imitando a las turbas del Evangelio; están *oprimiéndote!*

¡Qué pena es pensar que hasta muchas *Comuniones* son *opresiones;* sí, opresiones y, si fuera posible, asfixiantes de sentir tanta falta de espíritu cristiano y tanta sobra de espíritu mundano!

¡Ay! ¡Cómo me acuerdo de aquellas opresiones de las turbas, cuando veo en torno de tus Tabernáculos a cristianas vestidas de prostitutas y en actitudes de comediantes, y a cristianos que en el templo hablan, ríen, miran y gesticulan como en el teatro...!

¡Saldrán después y dirán que vienen de estar contigo; sí, de estar oprimiéndote, ahogándote con la barahúnda y la pestilencia de sus liviandades y coqueterías, y con su espíritu superficial, curioso, distraído y rutinario!

En cambio

¡qué poquitos son los que *saben tocarte* y por consiguiente *sacarte virtud!*

Con la fe se toca a Cristo, ha dicho san Ambrosio.

Pero no con una fe que se contenta con *rezar* el Credo sino con aquella fe de la incurable que empieza en la *humildad* de no creerse digna ni de ponerse delante del santo Maestro y que termina y se manifiesta en la *confianza firme* de ser curada sólo por el contacto con lo más insignificante de su persona, la orla posterior de su vestidura.

¡La fe viva! Esa es la que *toca* a Cristo, la que llega hasta su Corazón.

Si con *fe viva* nos llegáramos al Sagrario, ¡cómo nos sumergiríamos en aquel mar de luz, de amor, de vida, que brota de aquel Corazón! ¡Cómo se curarían todas nuestras dolencias! ¡Cómo gozaríamos de salud inalterable! ¡Cómo obtendríamos mucho más de lo que pedimos y esperamos!

Pero

¡nos hacen tanta falta aquella *humildad* que lo *teme todo* de sí y aquella confianza que lo *espera todo* de Él!

¡Vamos al Sagrario tan *llenos* de *nosotros* que no hay que extrañar que volvamos tan *vacíos* de *Él!*

Almas eucarísticas, Marías del Sagrario, ¿sabéis ahora por qué, a pesar de tanta virtud de sanar como exhala constantemente el Corazón de Jesús en el Sagrario, hay tantos enfermos, *aun* entre los que lo rodean y viven cerca de Él?

Hay que *tocarle* y se empeñan en *no ir* o en ir para *oprimirlo*.

5. EL CORAZÓN DE JESÚS ESTÁ ESCUCHANDO

Mas oyendo Jesús...
Mt 9,12

Pregunto de nuevo al Evangelio, el gran descubridor de los secretos del Sagrario, y me responde que esa es otra de las constantes ocupaciones del Corazón de Jesús en él.

¡Escuchar siempre! Yo invito a los hombres, a quienes aún les queda un poquillo de corazón para sentir y agradecer, a que se fijen en lo que significa esa ocupación del Corazón de Jesús que me ha descubierto el Evangelio.

Primeramente fijaos en que no digo oír, sino escuchar, que es oír con interés, con atención, con gusto.

Y después, en que añado esta palabra: siempre.

Mirad tres cosas que no las hace nadie en el mundo: escuchar *siempre*, escuchar a *todos* y escuchar *todo*.

Ni el curioso fisgón, por más interés que tenga en enterarse de todo, ni el amante más firme, por más deleite que tenga en oír hablar a quien o de lo que ama, pueden llegar a poseer toda la fuerza de cabeza, de corazón y hasta de sensibilidad que se necesita para escuchar siempre, a todos y todo.

Y sin embargo

nuestra sensibilidad, nuestro corazón y nuestra cabeza reclaman, piden con exigencia *siempre* un *oído benévolo.*

Decidme que hay un hombre de saber que no encuentra oídos que recojan sus enseñanzas, que hay otro de corazón ardiente que no halla quien quiera recoger sus cuitas, y que hay otro que sufre enfermedades y quebrantos sin poder depositar el ¡ay! de su lamento en un oído compasivo, y yo os diré que ese sabio y ese enamorado y ese dolorido *no escuchados,* son los hombres más desgraciados de la tierra.

La soledad, la aterradora soledad, perdería la mitad por lo menos de sus terrores si los que la sufren encontraran quien se pusiera a escucharlos.

Almas ganosas de practicar la caridad, ¿no os habíais parado a meditar en el bien que podríais hacer sólo poniendo vuestro *oído* a disposición de los desgraciados?

Pero

¡Qué pena!, la experiencia me ha llevado a hacer un balance entre dolores y alegrías, cariños y odios, anhelos y temores que *contar* y oídos que se *pongan* a escuchar y he deducido que hay un gran exceso de aquello sobre esto.

¡Qué bien se entiende ahora la exclamación de los libros santos repetida bajo mil formas: Escúchame, Señor. escúchame; ¿a quién iré, Señor, que me escuche?, ¡y qué bien se entiende así la ocupación del Corazón de Jesús que me descubría el Evangelio: *escuchar siempre!*

Sí, sí, sabedlo bien, almas que tenéis que *contar* y no encontráis quien os escuche, sabed que en el Sagrario hay quien escuche *siempre*, a *todos* y *todo*.

Siempre

¿No os acordáis? Lo mismo buscaban al Maestro a la caída de la tarde para que bendijera y curara a los enfermos, que a media noche cuando dormía, para que aplacara los vientos y los mares; lo mismo le pedían en las glorias de la transfiguración que en las ignominias de la calle de la Amargura y del Calvario... Siempre, siempre escuchaba.

Y a todos

Lo mismo escuchaba al discípulo ingenuo que preguntaba para saber, que al fariseo taimado que le preguntaba para cogerlo, lo mismo a la muchedumbre que lo cercaba, que al cieguecito mendigo del camino, lo mismo a su Madre Inmaculada, que a la mujer pecadora; escuchaba a todos.

Y todo

La petición de la fe que hablaba sólo con el corazón en la hemorroísa y en Zaqueo y el grito de la blasfemia del Pretorio, el *hosanna* del triunfo y el falso testimonio, el llanto reprimido de los penitentes y el mal pensamiento de sus enemigos. ¡Todo, todo lo escuchaba!

Y así

sigue viviendo en el Sagrario: *escuchando siempre a todos y todo.*

Con una gran diferencia entre su manera de escuchar y la que suelen tener los hombres; estos acostumbran a escuchar *sólo* con el oído, *a lo más* con la cabeza.

El Jesús de nuestro Sagrario escucha *con su oído*, porque lo tiene para eso, y con *su cabeza*, porque siempre *atiende* y *entiende,* y sobre todo con su *corazón*..., ¡porque ama...!

Y ¡pensar que en muchos Sagrarios no hay quien le hable...! ¡Qué bueno es!

¡Qué bueno es!

¡Madre Inmaculada, Ángeles del Sagrario, hablad mucho al oído de vuestro Jesús en esos Sagrarios de tan doloroso silencio!

6. EL CORAZÓN DE JESÚS ESTÁ ESCUCHANDO A SUS MARÍAS

Las tres palabras de san Juan

Una de las cosas que más me agradan y edifican en la lectura del Santo Evangelio es la modestia con que cada Evangelista habla de sí mismo cuando ha menester su intervención en sus relatos. San Mateo, por ejemplo, es el único que cita su nombre y su despreciada profesión al contar su llamamiento al apostolado; los demás en cambio, callan lo infamante del oficio de su compañero.

El Evangelio de san Marcos, que también podría llamarse de san Pedro, porque de éste lo aprendió aquel, no relata de san Pedro más que lo que lo humilla y nada de lo que lo enaltece.

El Evangelio según san Juan apenas si nombra a su autor y, siendo éste uno de los apóstoles que más debieron hablar con el Maestro, a fuer de discípulo predilecto, no cita de sus palabras y conversaciones más que tres y estas brevísimas.

En su brevedad, sin embargo, son palabras que valen por muchos discursos.

Yo no tengo inconveniente en deciros que en esas tres palabras está toda nuestra Obra y su mejor reglamento.

Vedlas aquí:

Maestro, ¿en dónde moras? (*Jn* 1,38).

Señor, ¿quién es? (*Jn* 13,25).

Es el Señor (*Jn* 21,7).

Estas tres palabras se dijeron en tres tiempos distintos.

La primera en la entrevista primera con el Maestro, la segunda en la noche de la Cena cuando se anuncia la traición de Judas y la tercera en la noche de la pesca milagrosa después de la resurrección; es decir, son las palabras de la amistad que se inicia, que se estrecha y que se perpetúa.

«Maestro, ¿en dónde moras?», es la palabra del *amor que busca*.

«Señor, ¿quién es?», es la palabra del *amor que teme*.

«Es el Señor», es la palabra del *amor que descansa. Amor que busca* la casa desconocida de Jesús para pasarse con Él los días y las noches; *amor que teme* lo único digno de temerse, la infidelidad a Jesús; *amor que descansa* en lo único que puede dar reposo verdadero e inalterable, la posesión de Jesús.

Marías, Discípulos, ¿no es esa vuestra Obra?

Amar a Jesús buscándolo en sus casas desconocidas o no frecuentadas de los vecinos que las rodean; amar a Jesús temiendo sólo verlo triste; amar a Jesús descansando y gozándose sólo en poseerlo siempre.

¡Un solo amor y un solo Amado! y del uno para el otro aquellas tres palabras y estas tres solas ocupaciones: buscarlo ausente, temerlo despreciado y gozarlo poseído.

Marías, Discípulos, ¿han sido esas las palabras y las ocupaciones de este año?

¿Han girado todos sus días y todos los minutos de esos días en torno de vuestro Sagrario?

¿Ha estado el camino que a él conduce ocupado constantemente por ansias de encontrarlo, temores de verlo solo y alegrías de contar con Él?

* * *

Corazón de Jesús, Maestro y Señor de toda esta familia reparadora: ¿Han llegado a tus Sagrarios abandonados muchos ecos de esas palabras y muchos aromas de esas obras? ¿Y te has sentido *de verdad* acompañado con lo que tus *Marías* y tus *Juanes* han dicho y hecho en torno de ellos?

A mí me halaga el pensar que sí, que los años que llevas de *Marías* han sido para tus Sagrarios de muchas lágrimas reparadoras, de muchas palabras de consuelo y de muchos actos de amorosa compañía.

¡Siento tan animosas y esforzadas, tan despreciadoras de desaliento y obstáculos a estas huestes eucarísticas!

¡Bendito, bendito seas Tú que infundes esos alientos y alimentas esos incendios en tiempos de tantos desmayos y de tantas frialdades!

Y si me concedes que cuantos leen estas paginillas se sientan movidos a hablarte mucho y a contarte todas sus cosas a tu oído en tu Sagrario, ¡bendito, miles de veces seas!

7. EL CORAZÓN DE JESÚS ESTÁ ESPERANDO QUE LOS SUYOS LE DEJEN ENTRAR

Vino a su casa
y los suyos
no lo recibieron
Jn 1,11

De unas palabras del Evangelista san Juan he deducido que una de las ocupaciones del Corazón de Jesús en el Sagrario es esperar que los suyos le dejen entrar.

¿Recordáis aquellas palabras: *Vino a su casa y los suyos no lo recibieron?*

Yo os invito, almas heridas del abandono del Sagrario, a que os detengáis un momento en esas palabras: *A los suyos* y *no lo recibieron.*

¿Cuáles son esas *posesiones* a que vino el Verbo hecho carne? Esas posesiones son la tierra. «Del Señor es la tierra y su plenitud... y todos los que la habitan».

Posesiones suyas son, pues, todos los pueblos de la tierra y todas las casas de esos pueblos y todos los moradores de esas casas.

Todo eso es *Casa* del *Señor*. Los demás amos de la tierra más que *amos* son *inquilinos* de Dios.

Y quiso Dios, lleno de bondad, de generosa delicadeza, visitar a sus *inquilinos* de la tierra. ¡Tenía tantas ganas de estar cerca de ellos! ¡Les hacía tanta falta esa visita!

¡Entre el demonio y el pecado los habían dejado tan desastrosamente perdidos y arruinados!

Y el que era Señor y Dominador universal, se hizo *Peregrino del Amor* y se puso a llamar a las puertas de las casas de la tierra...

¡Qué pena, Dios mío, que después de ese delicioso *«vino a los suyos»* haya tenido que escribir el Evangelista el tristísimo, el desolador *«y los suyos no lo recibieron»!*

El Peregrino del Amor se puso primero a llamar a las puertas del pueblo donde se dignó nacer como hombre y dice el Evangelista que *para Él no había sitio.*

Y desde esa primera puerta que no lo deja entrar, ¡cuántas se le cierran en su vida mortal y de Sagrario!

De cuántas asambleas, escuelas y hogares desde entonces hasta ahora, se ha podido escribir como de la posada de Belén: ¡No hay sitio para Jesucristo! Desde entonces hasta ahora, ¡cuántos hombres se pasan la vida escribiendo en la puerta de sus almas con sus obras y muchos hasta con sus palabras: ¡No hay sitio!

Y ¡si eso lo hicieran sólo los que no lo conocen!

Pero, ¡Jesús mío, Peregrino del Amor desairado!, ¿tan abiertas te tenemos las puertas los que te conocemos y los que sabemos que estás llamando?

¡Yo también te he hecho pasar días enteros y noches muy largas llamando a mis puertas sin dejarte pasar...!

También mi Ángel de la guarda ha tenido que escribir con tintas de lágrimas, en el libro de mi vida: *Fue a él Jesús y no lo recibió...*

Otras veces

lo dejamos entrar, pero sin atrevernos a abrirle de par en par las puertas, ni a dejarlo andar por *toda la casa.*

Por el *postigo* de nuestra *tacañería* lo dejamos entrar, tenemos como miedo de que visite *todo* nuestro *corazón*, *todo* nuestro *pensamiento*, toda nuestra *sensibilidad...*

Podemos decir que todo Jesucristo ha entrado en nuestra alma, pero no en *toda* nuestra alma. ¡Le *reservamos rincones...*! ¡Rincones de sensualidades no mortificadas, de caprichos no vencidos, de intenciones no rectas, de aficiones no ordenadas...!

No nos atrevemos a *desalojarlos* de las miseriucas que los llenan, ni a ofender los ojos del buen Visitante llevándolo a que las vea.

Y mientras, Él

encerradito en el Sagrario, sin cansarse y sin protestar y con el oído alerta *por si vienen*, se pasa el día y la noche esperando a los suyos...

Y cuando siente pasos y oye murmullos cercanos, ¡con qué presteza, con qué olvido de las malas noches y de los malos días manda abrir la puerta que lo aprisiona y *se entra* dentro del alma a cuya puerta tanto tiempo llamó...!

Señor, Señor, ¿qué clase de amor es este amor tuyo que se pasa la vida en *esperar que lo dejen entrar* y que, cuando ha entrado no se ocupa más que en *temer que* lo echen fuera...? ¡Sus hijos...!

Señor, Señor, ¿y qué clase de amor es éste que se estila entre los hombres, que no se ocupa más que en *cerrarte las puertas* para que no entres o *echarte a la calle* cuando has entrado...?

¡Señor, Señor...! Tú, que has permitido que a tus Sagrarios de la tierra pongan *llave* para que tus *Judas* de siempre no roben los copones que te guardan Sacramentado, ¿no tendrás una llave para mi corazón, tan codiciado de pasiones ladronas, que *sólo Tú* pudieras manejar?

¡Madre Inmaculada, ayuda con tu protección y valimiento a forjar una *llave* de durísimo acero de *lealtad* y *fidelidad* al solo servicio del Jesús de mi Comunión...!

¡Que *Él solo* abra y cierre...!

8. EL CORAZÓN DE JESÚS ESTÁ REPITIENDO SU NOCHEBUENA

Una gran alegría os anuncio:
os ha nacido el Salvador
Lc 2,10-11

Cada vez que paso junto a un Sagrario, los ángeles que en torno de él revolotean y adoran podrían cantarme como en la Nochebuena: ¡Gran alegría! ¡El Salvador os ha nacido!

En realidad para los cristianos que gozamos del Sagrario perpetuo, siempre es *Nochebuena* y por consiguiente *Pascua* ¡hasta con sus *aguinaldos!*

¡Aguinaldos! Es la palabra de los días de Navidad.

Es tan elocuente y, si vale decirlo así, tan arrollador el sermón de generosidad que se viene predicando hace veinte siglos en Belén, que hasta los más apartados y sordos sienten sus influencias. Hablemos, pues, de aguinaldos.

¿De quién y a quién?

De todo el que tenga algo que dar, sea lo que sea, y *a todo* el que necesite algo, sea también lo que sea.

Y como todos podemos dar algo, por muy pobres e indigentes que seamos, y todos, quien más, quien menos, algo necesitamos, todos estamos en situación de dar y tomar *aguinaldos.*

Y aquí surge como por encanto un tema muy fecundo para un ratito de meditación *pascual,* ante mi Sagrario.

A saber: ¿qué puedo yo dar de las cosas que necesitan los que a mi alrededor viven?

Y desarrollando la meditación, comienzo por hacer lista de necesidades que veo en los que me rodean.

Y la primera necesidad que salta a mi vista es la que *Tú* padeces, Jesús Sacramentado, necesidad de adoradores, falta de amadores, ausencia de delicadezas y de calor de corazones... sigo mirando a mi alrededor y miro la iglesia en que estoy, tan pobre, tan descuidada de limpieza, tan oliendo a vacía... paso por la *calle* de regreso y veo a los ancianitos aburridos y, casi diría arruinados, por inservibles, al rayito del sol, a los golfillos encargados de recoger los malos tratos y malas palabras que se pierden en el arroyo, y, ya en *mi casa,* el pariente menos atendido, el criado más fría y desdeñosamente tratado, el enfermo o el abuelo injustamente algo preterido, y en *mis asuntos,* los retrasados, desatendidos por la inconstancia, la dejadez, el miedo a lo que molesta a mi amor propio, y *en mis obras de celo,* mi Catecismo irregularmente servido, mi suscripción al periódico bueno no pagada o regateada, mi apostolado tan fríamente ejercido y con tan poco celo, mi cooperación personal o de intereses tan escatimada... ¡cuántas necesidades a mi alrededor! y ¡cuántas peticiones de cada una de ellas no tanto de dinero como de cariño, de interés, de atención, de orden, de mortificación, en una palabra, de *generosidad!* ¿Y mi vida de María, no tiene necesidades de *aguinaldo?*

Y ¡qué buen rato de meditación el que se ocupara en oír cada una de esas peticiones y estudiar y prometer *seriamente, decididamente* atenderlas!

¡Qué buenos *aguinaldos* íbamos a dar!

¡Y a tomarlos también!

Que el Niñito Divino de Belén se apresurará a cumplir en nosotros su «dad y se os dará» con unos réditos y unas creces...

Yo los quisiera para las Marías y Juanes de varias clases: Aguinaldos para los pies, las manos, los ojos, la cabeza y el corazón de cada uno de nuestra extensa familia reparadora.

Para los pies

de las Marías y de los Discípulos quiero y pido al dulce niño de Belén fuerzas y agilidad para andar *solo* por *las calles* de la *Modestia* en el vestir, la *Caridad* que no espera paga, la *Laboriosidad útil* y por las *plazas* del *Honesto recreo* y de la *Limpieza de conciencia*, calles y plazas que todas desembocan en el *Atrio* del Sagrario...

Para las manos

de las Marías y Discípulos quiero y pido *prontitud* para abrirlas para coger el Evangelio y el Catecismo, dar limosna y moverlas en obras buenas, y *dureza* para rasgar periódicos malos y novelas frívolas y peligrosas.

Para los ojos

Quiero y pido que vean todo lo que han de ver y muchas más cosas a las que su vista no alcanzaría, a *través de la Hostia consagrada*.

Para la cabeza

Quiero y pido que se acaben de enterar de esto solo: que el buenísimo Jesús está solo en el Sagrario y no debe estar así.

Para el corazón

de las *Marías y Juanes* quiero y pido, por último, que lo tengan tan *limpio*, tan *blando* y tan de *fuego* para con el de Jesús Sacramentado, que le hagan olvidar y, si fuera posible, no sentir la suciedad, la dureza y la frialdad que rodean y en que dejan a sus Sagrarios abandonados...

Madre Inmaculada, que en esta gran noche nos regalas el aguinaldo de los aguinaldos, a tu Jesús, enséñanos a recibirlo, a tratarlo, a guardarlo y, sobre todo, a *darnos cuenta de Él...*

9. EL CORAZÓN DE JESÚS ESTÁ LLAMANDO A LOS QUE QUIERE

Yo os elegí
y os puse para...
Jn 15,16

Un poco de balance

Toca a su fin el año viejo y asoma ya su cara por el horizonte el año nuevo.

María, ¿no tienes que ajustar cuenta ninguna con el que se va, ni pedirle nada al que viene?

El paso de un año a otro, ¿no arranca de tu boca y más aún de tu corazón una palabra de pena o de alegría, de remordimiento o de gratitud y quizás de todo eso junto?

¿Quieres que en este rato de Sagrario que vas a echar conmigo ajustemos las cuentas al año que se escapa de entre tus manos? El año de un cristiano y sobre todo de una *María* ¡tiene tanto que ajustar!

¿Has pensado seriamente alguna vez lo que *solo una hora* de tiempo bien empleado puede dar de gloria a Mí, de utilidad a tu prójimo y de mérito a tu alma? ¿Sabes todo el valor que mi Padre celestial da y reconoce a una *sola palabra* dicha en mi nombre, a una sola *lágrima* derramada por Mí, a un *solo paso* dado en los caminos que llevan a Mí, a un *solo deseo* bueno de trabajo por Mí...?

Pues

¡mira si en un año transcurren horas y se pueden decir palabras y derramar lágrimas y dar pasos y formular deseos de Mí y por Mí!

Y ¡qué!, ¿te duele pensar lo que has *podido* hacer y no has hecho o te conmueve recordar que en este año has hecho *todo* lo que has podido?

Quizás, durante este año no pocas veces has respondido a los que te han pedido un poquito de trabajo o de sacrificio por Mí: *no puedo más*; y hasta a tu conciencia misma, que te lo pedía con insistencia, le respondiste lo mismo, ¡que *no podías!*

Y, dime, ¿era verdad? Ahora que pasó la ilusión que quizás te oscurecía, la pasión que te extraviaba, el afán desmedido de comodidad que te dominaba, el horror a ser humillada que te acobardaba... ahora, aquí solitos los dos y en esta paz del Sagrario, ¿te atreves a seguir diciendo que aquello que dejaste de hacer fue *de verdad* porque no podías?

¿De verdad que aquellos buenos pensamientos, y aquellos generosos deseos y aquellas dulces invitaciones al trabajo que tantas veces llamaron a las puertas de tu alma durante este año fueron *legítimamente* rechazados *por no poder?*

¿De verdad?...

¡Qué pregunta tan seria sobre lo que *has dejado* de hacer este año!

Pues no es menos seria la que puedo hacerte sobre lo *que has hecho*, no ya sobre lo malo que has hecho, sino sobre lo bueno.

Permíteme que te haga esta pregunta: ¿Has hecho BIEN el *bien*? ¿En la medida que te pedía, con la intención de agradarme, con la confianza en mi auxilio, con la paz del que me sirve...?

¿Ves

cuántas cuentas que ajustar tiene el año de un cristiano?

¿Y si ese cristiano es una María de mis Sagrarios–Calvarios? ¡La elegida para consolarme y repararme!

No te asustes, que todavía no es Jesús–Juez quien te exige cuenta, sino Jesús–Padre quien te la suplica.

María, María

responde al Jesús de tu Sagrario que te pregunta: ¿Has hecho por Él durante este año lo que *has podido?*

Responde a esta pregunta aún más fácil: ¿Has hecho por Él lo que BUENAMENTE *has podido*?

Yo te elegí y te puse

para... ¿te acuerdas?, ¡te impresionó tan dolorosamente aquel no estar nunca nadie conmigo en mi Sagrario, que te decidiste a quedarte tú y a llamar para siempre al Sagrario mío el Sagrario tuyo!

¡Mi Sagrario! ¡Cómo se te derretían la boca y el corazón al repetir en tus horas de trabajo, de adoración, de desagravio, de sacrificio!: ¡Mi Sagrario!, y ¡cómo esa palabra ponía

en todo aquello humo de incienso, fragancia de mirra y unción de bálsamo para el Jesús *tuyo!*

Sí, para eso te elegí y te puse, para que de tu boca, de tu cariño, de tu trabajo, de tus lágrimas, de tu cruz de cada día exhalaras ante el Sagrario *tuyo* y *mío* el buen olor de todas esas cosas.

¿Ha sido así?

Te puse
para que fueras mi *lámpara viviente.* ¿Has ardido cada día?

¿No te sorprendieron los ángeles de mi guardia alguna vez *apagada?*

Te puse
para que fueras la *mano* que siempre señalara hacia Mí, la *voz* que de Mí siempre hablara, el *pie* que hacia Mí siempre se dirigiera, el *corazón* que siempre me quisiera... ¿y puedes asegurarme que tu mano, tu boca, tu pie y tu corazón no dejaron ningún día su nobilísimo oficio por cansancio, por miedo, por vanidad, por amor propio, por inconstancia, por... moda?

Te puse
para que fueras un *Sagrario* mío en donde Yo entrara cada mañana por la santa Comunión y de donde nunca saliera...

Y ¿me has *dejado entrar* todos los días? Y lo que es más triste, ¿no me echaste alguna vez?

Te puse
en una palabra, para contar contigo...

¿Sabes todo lo que punza a mi Corazón vivir en *muchos, muchos* pueblos *sin contar con nadie...?*

¡Cómo me duele eso!

Y ¡cómo debe obligar a la lealtad y a la abnegación a toda prueba el escoger a un alma para *contar con ella!*

¡María!

¿He podido *contar contigo todos* los días del año que se va?

* * *

¡María!

¿Podré *contar contigo* todos los días del año que entra?

* * *

Alma de fe

Seas o no María, de fe viva, de Comunión bien digerida, ¡qué! ¿podré contar contigo? ¿Siempre? ¿En triunfos y derrotas? ¿Siempre...?

10. EL CORAZÓN DE JESÚS ESTÁ SEMBRANDO

Salió el que siembra
a sembrar su semilla
Lc 8,5

Sembrador de las almas, llámeste sacerdote, maestro cristiano, escritor católico, María, para ti va esta lección de Sagrario.

Ante tu espíritu quizás fatigado, agotado quizás por el ingrato trabajo de una siembra, según todas las apariencias estéril, quiero presentar el ejemplo confortante de otra siembra y de otro sembrador.

Verás lo que enseña, lo que levanta, lo que suaviza, lo que esclarece, lo que arrastra.

El Sembrador,
ya lo sabes, se llama Jesucristo. El mismo que dio la virtud misteriosa al granito de semilla casi invisible para convertirse en gallarda espiga de trigo, en dorado racimo de uvas, en olorosa flor, en árbol gigantesco, *salió a sembrar* en las almas *su semilla.*

La semilla
ya no eran granitos de virtud misteriosa, sí, pero limitada, sino que era la virtud misma de Dios Creador y Redentor en forma de lágrimas, de gotas de sudor, de pasos fatigosos, de

bendiciones paternales, de miradas compasivas, de palabras augustas, de gotas de sangre de infinito precio y de infinito dolor, de ejemplos altísimos, de inmolaciones incalculables.

Y fue dejando caer el Sembrador Jesús esa su semilla en el surco abierto en las almas por el dolor, la gratitud, el cariño, la curiosidad, el odio, el desprecio y... la mayor parte *no dio fruto.*

Entre las rapiñas de los espíritus malignos y las malas yerbas de las concupiscencias y las durezas de corazón de los hombres, la semilla del Sembrador no llegó a arraigar en el alma de la *mayor parte* de los que la recibieron.

Fíjate bien, sembrador desalentado, fíjate bien en esa *mayor parte* que te subrayo.

Fíjate en que en esas dos palabras entran los miles de habitantes de Judea y Galilea que oyeron y vieron al Maestro y no lo siguieron, en que también entran no pocos que empezaron a seguirlo y lo dejaron después, en que entra *¡todo el mundo!* de su tiempo, menos el *puñadito* aquel de mujeres piadosas y de apóstoles y discípulos.

¡Qué contraste a los ojos humanos tan desconsolador entre el valor y la abundancia de aquella semilla y la pequeñez del fruto! ¿No es verdad?

Los fracasos de la siembra

Hermanos míos, en la siembra de las almas, ¿qué sembrador ha tenido más motivos que el Sembrador Jesús para cruzarse de brazos y exclamar en el más justificado de los desalientos: no quiero seguir sembrando más en tierra tan ingrata?

¿Quién más desairado que Él, más aparentemente fracasado que Él?

¡Ay!, ¡qué miedo me da, Jesús mío, cuando te veo sentado en el brocal del pozo de Jacob, marcada la huella del cansancio en tu rostro!, ¡qué miedo me da imaginarme que pueden entreabrirse aquellos labios secos de la mucha fatiga y dejar salir estas palabras: *no sigo más*...!

¡Las decimos nosotros con tanta facilidad, con tanta frecuencia!

Y, en efecto, una tarde se sentó Jesús cansado, extenuado ya de sufrir tanto odio de los enemigos, tanto desconocimiento y dureza de los amigos y abre su boca, mientras asoman a sus ojos dos lágrimas y su corazón parece que va a romper la envoltura del pecho del extraordinario palpitar y...

«Tomad y comed, esto es mi Cuerpo...».

Dios mío, Dios mío, ¿qué maneras de querer son estas?

La nueva siembra

¡El *Sembrador*, para *vengarse* de los culpables del fracaso de su *siembra*, convirtiéndose en *semilla!*

¡Y esto, Jesús mío, en la hora suprema de vuestros cansancios y agotamientos!

¡Ahora sí que van a ser los hombres puros y abnegados y humildes y buenos!

Ya no es una palabra, un consejo, un ejemplo de esas virtudes la que va a sembrarse en sus almas, es la misma pureza, la humildad en persona, la abnegación y la bondad por excelencia, las que van a ser sembradas.

¡Qué cosechas tan abundantes, qué frutos tan regalados, qué fecundidad tan variada van a producir esas *siembras divinas* de Jesucristo Sacramentado en las almas!

Y es verdad, la semilla del Cenáculo ha hermoseado la tierra con la variedad y riqueza de sus frutos.

Es verdad que si en la tierra todavía se respiran aires de pureza y perfumes de virtudes y se calientan las almas con fuegos de amores santos es porque no dejan de *sembrarse* Hostias consagradas.

Pero...

¡Qué triste, qué desconsoladoramente triste es ese pero!

Pero, hermano mío, sembrador de las almas, llámeste sacerdote, maestro, escritor, María, cuenta que *todavía* la *mayor parte* de los hombres no han querido recibir o no han dejado arraigar esa semilla.

Todavía siguen en espantosa *mayoría* las almas situadas junto al camino, las ahogadas por los abrojos y las secas y duras como piedras...

Y, sin embargo, *todavía* no ha alumbrado el sol un día a la tierra en el que no se hayan abierto las puertas de miles de Sagrarios para *dejar salir al Sembrador divino a sembrarse* a Sí mismo en las almas.

Sembrador, sembrador, cada vez que oigas rechinar las puertas del Sagrario girando sobre sus goznes, hazte cuenta que *desde allá dentro* te dicen:

–Sembrador, siembra hoy también...

–Siembra a pesar de *los malos* que ayer te persiguieron a cara descubierta; a pesar de *los buenos* que no te entienden, te interpretan mal y tratan de cansarte a fuerza de murmuraciones, reticencias y explosiones de celo amargo; a pesar de los achaques de tus años y de tu salud y de los cansancios e inconstancias de tus coadjutores y auxiliares..., a pesar de todo eso y, sobre todo, de *tu amor propio* herido y humillado, sigue sembrando hoy con la misma paz que el día de tus más copiosas cosechas...

11. EL CORAZÓN DE JESÚS ESTÁ TRANSFIGURANDO ALMAS

Y se transfiguró
Mt 17,2

He meditado el misterio de la Transfiguración de nuestro Señor Jesucristo delante del Sagrario, y ante mi alma han desfilado sus cuatro transfiguraciones.

Os las voy a expresar deseoso de que aprendáis a decir más oportunamente que san Pedro: «¡qué bien se está aquí, Señor!».

La transfiguración de la pobreza

Es la primera que observo en Jesucristo hombre.

¿Quién adivinará al Jesucristo Verbo y Sabiduría de Dios, Majestad y grandeza infinita, en el Niñito desnudo de Belén, abrigado con las pajas que no han querido comer las bestias y acostado en un pesebre abandonado?

¿Quién acierta a descubrir grandezas de Rey y magnificencias de Dios en aquellas escaseces de la media noche de Belén?

Es que la pobreza, llevada a un rigor cual nadie la había probado, está transfigurando a Jesús.

La transfiguración del dolor

Y en la calle de la Amargura y en el Calvario a las tres de la tarde del Viernes, ¿quién se atreverá a asegurar que aquella llaga viva desde la planta del pie hasta la coronilla de la cabeza, aquel gusano y no hombre, era el Hijo bello de la hermosa Nazarena y el más hermoso de los hijos de los hombres?

Es que el dolor, concentrado en una acerbidad inaudita, está transfigurando a Jesús.

La transfiguración de la humildad

En Belén, aun a través de los pañales y las pajas de la pobreza, se veían unos ojos de cielo y se besaban unas manos tiernas y blancas... En el Calvario, por entre los labios cárdenos y la lengua seca por la calentura, se escapaba un aliento, debajo del pecho lastimado y desgarrado se sentía palpitar un Corazón.

En la sagrada Eucaristía ni se ven ojos, ni se besan manos, ni se perciben alientos ni palpitaciones...

El Hermoso no se ve..., la Palabra de Dios no se oye, el Poder de Dios no se mueve, el Amor no suspira... y, sin embargo, el Hermoso, el Verbo, el Poder, el Amor, está allí, como estaba tiritando de frío en Belén, como estaba sediento de amores en la Cruz... Sí, sí, me lo dice mi fe, mi conciencia, hasta este mismo silencio del Sagrario me dice que está ahí Jesús *transfigurado* por la *humildad*.

Sí, sólo una humildad infinita ha podido tener *perpetuamente callada* en la tierra la *palabra viva de Dios*.

La transfiguración de la gloria
Es la que a todos nos gusta más meditar: Jesucristo en lo alto de la montaña, resplandeciente el rostro como el sol y blancas, con blancura de nieve, las vestiduras ¡qué atrayente, qué claramente Dios aparece!

Y mirad
lo que hacen los hombres con ese Jesucristo transfigurado. Cuando el Evangelio va presentando las tres primeras transfiguraciones o desfiguraciones, ¡el silencio! es el único comentario que van poniendo los hombres; cuando describe la transfiguración de la gloria, entonces sí, y con una prisa que contrasta con el silencio de antes, prorrumpen por boca de Pedro en este grito: ¡Aquí sí que se está bien, Señor, quedémonos aquí para siempre...!

¡Qué hermanos son aquel silencio y este grito!, ¿verdad?

El Maestro
no ha respondido nada a la invitación de Pedro; como se calla delante de todos los que sólo están a gusto con Él, cuando les regala dulzuras.

El Maestro sólo responde y con respuestas de dulcedumbres inefables y de bendiciones de fortaleza y de esperanzas a los que, transfigurados como Él en la tierra por la pobreza y el dolor, se van al Sagrario de las transfiguraciones de su humildad y con el mismo ardimiento y la misma prisa que san Pedro, le dicen: ¡Bien se está así, Señor, déjame estar transfigurado todo el tiempo que Tú quieras!

Y allí se quedan, en espíritu por lo menos, repitiendo con los labios el «Bien se está aquí» y saboreando con el alma la palabra de esperanza de san Pablo: «Nosotros esperamos a nuestro Salvador Jesucristo que reformará el cuerpo de nuestra ruindad transfigurándolo en el cuerpo de su claridad» (*Flp* 3,21).

¡Bendito, bendito el Sagrario de nuestras transfiguraciones!

12. EL CORAZÓN DE JESÚS ESTÁ QUERIENDO SER GLORIFICADO EN SUS ABANDONOS

Estaban de pie
junto a la Cruz
Jn 19,25

La Pasión impedida

¡Qué buena traducción de las palabras con que el Evangelista describe la Obra de las Marías en el Calvario, me parece ésta:

El Corazón de Jesús necesita principalmente de sus Marías, no para que impidan la Pasión, sino para que lo glorifiquen en ella!

Las Marías y su Madre y Maestra, María Santísima, ¿qué hicieron para impedir la Pasión? No se lee que le ahorrasen al Señor ni una caída, ni un solo golpe, ni un solo salivazo.

Nuestro corazón, dejado llevar de un sentimiento más humano que sobrenatural, quizás vería con más gusto a la Verónica tapando la boca que iba a escupir a su Señor con una fuerte bofetada, que enjugando después con su toca las salivas arrojadas a su rostro; tal vez se enardecería más ante la figura de la Magdalena arrancando varonilmente de la mano del verdugo la lanza con que iba a herir, o la caña con que iba a amargar a su Señor, que echada a los pies de su cruz para que sobre ella cayeran las últimas gotas de la sangre divina... Y ¡qué!, ¿no cuadraba mejor con nuestro modo de pensar, de querer y de sentir, el que entre los golpes de los crucificadores y de las manos de su Hijo se hubieran interpuesto las manos de la Madre y entre la cara que recibe salivazos y bofetadas y los que se las arrojan, la cara de ella?

La Pasión glorificada

Y, sin embargo, no fue esa la misión de las Marías en el Calvario. Ven, oyen, se les desgarra el alma de pena, de indignación, de compasión y según el Evangelio, no hacen más que esto: llorar, mirar, enjugar salivas, envolverlo en aromas y estarse allí...

* * *

Marías, Discípulos, sucesores de aquellas Marías y de aquel único Discípulo fiel, ¡qué grande he sentido vuestra misión cerca de esos Calvarios que sobre cada Sagrario van levantando los sucesores de aquellos crucificadores!

Jesucristo no deja de padecer; más aún, en los inescrutables designios de Dios, entra que esté *siempre*, ¡qué pena!, *siempre* enhiesta la cruz del abandono y de la ingratitud sobre cada copón consagrado... La Pasión acompañará siempre a Jesús en sus caminos de la tierra..., ¿podéis cerrar bocas que le escupan, manos que le abofeteen?, hacedlo enhorabuena, pero sabed primero que así y todo la Pasión será la compañera del Jesús de vuestros Sagrarios y después, que lo que Él quiere principalmente de vosotras es que os pongáis allí, muy cerquita, muy pegaditas a Él, a hacerle lo mismo que vuestras hermanas mayores y vuestra Maestra, esto es, que le lloréis, que le miréis, que le sequéis las salivas, que le perfuméis y que os estéis allí...

Ese es vuestro oficio, esa vuestra gran misión, darle gloria cuando vuestros hermanos los hombres le dan Pasión.

¡Glorificadoras de los Sagrarios–Calvarios, que Dios os bendiga y os haga vivir siempre!

¡Maestra Inmaculada, enseña a tus Marías ese divino arte!

13. EL CORAZÓN DE JESÚS ESTÁ QUEJÁNDOSE

Busqué quien me consolara
y no lo hallé
Sal 68

En ese dolor, suma de todos los dolores que se llama la Pasión de nuestro Señor Jesucristo, cuatro veces se lee en el Evangelio que se quejó el *Varón saturado de oprobios.*

La primera, de sus tres íntimos que se duermen: «¿No pudisteis velar una hora Conmigo?» (*Mt* 26,40).

La segunda, de Judas, que lo vende y traiciona: «Amigo, ¿con un beso entregas al Hijo del hombre?» (*Mt* 26,50; *Lc* 22,48).

La tercera, del esbirro del tribunal que le abofetea: «Si he hablado mal, dime en qué, y si bien, ¿por qué me hieres?» (*Jn* 18,23).

Y la cuarta de su Padre que le priva de su presencia sensible: «Dios mío, Dios mío, ¿por qué me has abandonado?» (*Mt* 27,46; *Mc* 15,34).

Estas cuatro quejas tan serenas y reposadas, que más parecen lamentos que quejas, han sido arrancadas de los labios y del Corazón de Jesucristo más que por cuatro dolores distintos por uno solo manifestado bajo cuatro formas.

¡El abandono!

Esa es la gran pena del Corazón de Cristo, ese es el dolor que flota sobre el mar sin fondo ni riberas de dolores en que se anega su Corazón.

El *abandono* de la *amistad humana*, en la soñolienta desidia de sus íntimos y en la perfidia de Judas, el abandono de la *justicia humana* en la insolente bofetada y el *abandono* de los *consuelos* de Dios en el abandono de su Padre...

¡Siempre el abandono poniendo la gota más amarga en el cáliz de sus amarguras!

¡Marías! ¡Marías!

Recoged y saboread esta enseñanza y responded a una pregunta.

Para vosotras, no se lee en el Evangelio que tuviera Jesús en su Pasión ni una alabanza que os alentara, ni una queja que os censurara.

Eso quiere decir esto: *Jesús contó con vuestras hermanas del Evangelio en la hora de sus abandonos...*

¿Seguirá contando con vosotras en esa hora sin término de abandonos de Sagrario por la que aún está pasando?

14. EL CORAZÓN DE JESÚS ESTÁ ENTREGÁNDOSE SIEMPRE

Y el Hijo del hombre
será entregado
Mt 20,18

¡Qué trabajo y tiempo costó a los amigos de Jesús enterarse de que había de *padecer* y *morir*! *Padeció y murió,* dice el Evangelio y reza nuestro símbolo. Y esas palabras tan claras, ¡qué efectos tan distintos producen hace veinte siglos!

Padeció y murió

Los hombres todos parece que hacen un alto en sus ocupaciones y preocupaciones de todos los días al llegar el Jueves y Viernes Santo, y cada uno a su manera deja entrar dentro del alma el eco de esas palabras de nuestro símbolo: *padeció y murió.*

Hace veinte siglos que ocurrió lo que significan esas palabras, y para esa pasión y muerte aún hay lágrimas de compadecidos, gemidos de penitentes, heroísmo de imitadores, y también imprecaciones de populacho seducido, hipócritas protestas de perseguidores arteros, torpes subterfugios de cómplices cobardes y saña diabólica de verdugos de inocentes...

Padeció y murió, oyen decir los unos y rezan y lloran y piden perdón, y protestan amor y se aprestan a padecer y a morir por el que padeció y murió por ellos...

Padeció y murió, oyen los otros y, rechinando los dientes o lavándose hipócritamente las manos o gozándose en la sangre inocente, repiten el «crucifícalo», o el «no queremos que éste reine sobre nosotros», o el «preferimos a Barrabás», o el «queremos raer de sobre la haz de la tierra su nombre».

Diríase que cada Viernes Santo que pasa, más que un aniversario y un recuerdo de aquel primer Viernes Santo es una repetición del mismo.

Se repiten la piedad valiente y delicada de las Marías, la fidelidad de Juan, las lágrimas de la Virgen, la confesión del ladrón, la misericordiosa solicitud de los santos varones... y se repiten los odios y las seducciones y las ingratitudes y los salivazos y las bofetadas y la cruz, y no se repite la muerte porque... no pueden.

Y pregunto:

¿Qué hombre es ese que *padeció y murió* y qué clase de padecimientos y de muerte son esos que, a los veinte siglos de ocurridos, de ese modo conmueven todos los corazones como si ocurriesen en el día?

¿Conocéis algún muerto cuyos parientes y herederos lo lloren tantos siglos?

¿Conocéis algún muerto cuyos verdugos se lleven veinte siglos gozándose en su muerte?

¿Habéis visto más lágrimas sobre una víctima o más implacabilidad sobre un reo?

¿Y no les dicen nada a esos pobres verdugos esos veinte siglos de Pasión llorada por unos y repetida por otros?

¿No ven que ni ese amor ni ese odio son de esta tierra?

Si ese odio les dejara ver, ¡no ven!, se convencerían de que son amor y odio sobrehumanos; amor de cielo, odio de infierno. Solamente con amor de cielo se puede amar tanto y por tanto tiempo y sólo con odio de infierno se puede odiar tanto y por tantos siglos.

Los hombres solos no saben ni pueden odiar así.

¡Pobrecillos!

Tan ufanos los unos con sus casacas de ministros, los otros con sus borlas de doctor, estos con sus aureolas de escritor, aquellos con sus arcas de Creso, los de aquí con sus diplomacias y los de allí con sus sensualidades, tan pagados de sus merecimientos y tan confiados en su poderío, se pasan la vida engañados con la ilusión de que van a acabar con Jesucristo y, cuando consiguen ponerlo en cruz y se aprestan a batir palmas de triunfo, se encuentran con que el Jesucristo por ellos crucificado goza de muy buena salud y que a sus palmas de triunfo se anticipa el *resucitó* que vuela por los aires...

¡Pobrecillos los perseguidores!, perpetuamente condenados a servir a Barrabás, capitán de ladrones y viciosos, por no querer a Jesucristo Hijo de Dios vivo; condenados a bajar siempre del Calvario como los fariseos y los verdugos rechinando los dientes y confundidos por la ira de Dios, por no querer bajar como el Centurión, confesando que verdaderamente aquel hombre era Hijo de Dios.

¡Pobrecillos y eternamente pobrecillos los perseguidores!

Ellos se *irán* con sus decretos persecutorios, con sus impiedades escritas, habladas o hechas, con sus intriguillas y con sus triunfos de poco tiempo; *se irán*, sí, como se fueron los que les precedieron en el oficio; pero el Jesucristo por ellos perseguido, la Iglesia Católica con su sacerdocio, su Misa y su Sagrario por ellos envidiada y escarnecida, *esos no se van.*

Podrán esconderse; pero ¿irse?

¡Que os enteréis bien, perseguidores!

¡Que no se van!

* * *

Madre querida del eterno condenado a destierro y a muerte por el tribunal de las pasiones humanas, haz de mi corazón *fortaleza* y *refugio* para defensa y descanso de tu Jesús escondido...

15. EL CORAZÓN DE JESÚS ESTÁ ANDANDO LA CALLE DE LA AMARGURA

Y (a Jesús)
le abandonó Pilatos
al arbitrio de ellos
Lc 23,25

Semana Santa, Semana de los misterios, ¡cuántas cosas puedes enseñar a los sucesores de aquel Juan y de aquellas Marías que fueron testigos y partícipes de ellos!

Lo que enseña la primera Semana Santa

Yo quisiera que tú les dijeras todo lo que viste de veleidad e ingratitud en las muchedumbres, de odio y de envidia en los directores del pueblo, de cobardía y de egoísmo en los amigos y favorecidos y también de fidelidad, delicadeza y consecuencia en aquel grupito tan reducido... Sí, semana de los misterios de la Pasión, cuéntales y con muchos pormenores a los Juanes y a las Marías de hoy lo que hicieron y vieron y oyeron y sintieron sus padres en la fidelidad reparadora...

Cuéntales también lo que tú viste de bondad inacabable, de paciencia sin tasa, de generosidad con excesos, de amor hasta el fin del Maestro.

Píntales con todos sus colores la cara de Jesús en la oración *prolija* y en las angustias de muerte del huerto, cuando recibe la bofetada del soldado, cuando lo tratan de loco...; sí, sí, grábales en el alma aquella cara escupida, acardenalada, aquellos cabellos mesados, aquellos ojos hundidos por la calentura, tristes por la pena y a pesar de todo amantes...; mételes muy dentro del alma la mirada de esos ojos a Pedro que le niega, a las mujeres que le lloran, a Juan que no le abandona, a su Madre que de pie *está junto a su cruz*.

Entéralos bien de lo que fue la calle de la Amargura, el Monte Calvario, y de todo lo que en esos lugares hicieron mis hermanos los hombres con Jesús su Padre...

Semana de los misterios, penetra dentro del alma de los Juanes y de las Marías de hoy, que les hace mucha falta tenerte presente.

La gran Semana Santa

¡Que todavía mis hermanos los hombres siguen portándose mal, muy mal con su Padre Jesús, que todavía hay pueblo veleidoso y olvidadizo, y fariseos que odian y conspiran hipócritamente y discípulos y amigos y favorecidos que lo niegan y lo dejan solo..., que todavía hay calle de la Amargura y Monte Calvario para Él...!

Y lo que es más triste: que la calle de la Amargura y el Monte Calvario de ahora han aumentado en número y han disminuido en compañía.

Hay muchas calles de la Amargura y muchos montes Calvarios para Jesucristo y en muchos de ellos, ¡en muchos!, todo es ingratitud y olvido de turbas, odio de poderosos, y cobardía de amigos y nada de fidelidad, ni de lágrimas, ni de compasión que acompañen como en el primer Calvario...

¡Calles de la Amargura sin lágrimas compasivas de mujeres, ni encuentros, ni abrazos de Madre, qué calles más amargas seréis...!

¡Calvarios sin sollozos de penitentes, sin protestas de amantes, sin agradecimientos de redimidos, qué amargos Calvarios seréis...!

¡Qué! ¿No es eso el Sagrario abandonado? ¿No es el mismo Jesús de la Gran Semana el que está allí, bebiendo hora tras hora detrás de la puertecita, quizás apolillada, el cáliz de todas las amarguras y de todos los abandonos?

Marías y Juanes de los Sagrarios–Calvarios, ¿os habéis enterado? Para vosotros la Semana de los misterios no es una semana de siete días que comienza en las palmas del domingo y termina en el *resucitó* de la madrugada del otro domingo; para vosotros empezó el jueves del Cenáculo y no terminará mientras haya quien grite en torno de los Sagrarios: No queremos que este reine sobre nosotros.

Esa es vuestra *Gran Semana.*

16. EL CORAZÓN DE JESÚS ESTÁ REPITIENDO SU JUEVES SANTO

En la noche en que había
de ser entregado
1Co 11,23

Para mí la línea que divide a la Humanidad en dos grandes mitades la ha trazado el Jueves Santo.

En la tarde de ese día se creó el Sagrario. Yo creo que más que la diversidad de razas, el grado de cultura o de libertad de los pueblos, y el rango de los imperios y de las estirpes, diferencia a los hombres esta condición: Hombres con Sagrario y hombres sin él.

Escudríñense a la luz de la fe católica lo que significan estas dos palabras que se inventaron aquel mismo día: *Sagrario* y *Comunión*, y se deducirá que los hombres que están en posesión de ellas tienen con respecto a los que no las conocieron más diferencias, infinitamente más, que las que existieron entre los griegos y los romanos, entre los esclavos y los libres, entre los salvajes del centro de Africa y los filósofos de Atenas.

Estos tránsitos sociales han hecho gozar a los hombres de un *poco* o un *mucho* de bien, pero limitado y relativo.

El tránsito de no tener Sagrario a tenerlo ha puesto al hombre en goce y posesión de *El Bien* absoluto y sin limitaciones.

Con todos aquellos bienes aún cabía llamarse y ser pobre y desdichado.

Con este Bien del Sagrario se acabaron de verdad todas las pobrezas y desdichas de los hombres.

¿Que aún siguen mendigando y gimiendo?

Es verdad, pero es que seguramente esos hombres no han leído y mucho menos entendido la *hoja del almanaque* de este día cuando dice:

JUEVES SANTO

Institución del Santísimo Sacramento del Altar

* * *

¡Si se enteraran, si se enteraran...! Marías, Discípulos de San Juan: esa es vuestra misión: enseñar o recordar a los hombres que *hay Jueves Santo*, que hay que agradecerlo siempre.

El gran día de las Marías

¿Sabéis cuál es el día del año en que pienso más en vosotras, o mejor os echo más de menos?

Quizás os extrañe.

¡El Jueves Santo!

Sí, en ese día, a pesar de ser el de mayor y de más suntuosa concurrencia de nuestros templos y precisamente para visitar los Sagrarios, es cuando mi corazón angustiado y mis ojos ansiosos os buscan, os llaman y, si no os encuentro, lamento más tristemente vuestra ausencia.

¡Hacéis tanta falta al Señor del Sagrario ese día! Cierto que, a pesar de todas las asechanzas de la impiedad, de las promiscuaciones del espíritu mundano, y de las groseras rutinas de la ignorancia, que tan duros y sombríos contrastes ponen a ese día, los Jueves Santos de la mayor parte de los pueblos cristianos son días de intensa religiosidad, de exuberancia del culto externo, de menos respeto humano, de sorprendente resurrección de costumbres cristianas..., cierto todo eso; pero también lo es el contraste que el demonio, sin duda, se esfuerza en poner en frente.

Dos cuadros

Y quiero fijarme preferentemente en dos cuadros: el que presentan los templos de nuestras ciudades durante ese día y los de no pocos pueblos en esa noche.

Durante todo ese día y esa noche la piedad tiene expuesto en rico y suntuoso *Monumento* al Amor humanado, crucificado y sacramentado recibiendo para festejar *Su Día* correspondencia de agradecimientos humanos. Los templos católicos se llenan una y muchas veces y sus puertas, excesivamente grandes para el número de los que los visitan en el resto del año, son excesivamente pequeñas para dar paso a tanto agradecido que forcejea para entrar y salir ese día.

Pero mirad

El día de las ciudades

Tiendo una mirada en torno de los *Monumentos* de mi festejado Jesús y apenas si mis ojos descubren otra cosa que brazos y hombros desnudos de mujeres y miradas curiosas o sensuales de hombres y una ola sucia de profanación y sacrilegio invadiendo calles, atrios y naves de iglesias...

La noche en los pueblos

Miro a los pueblos y me cuentan cosas que ponen espanto en el alma.

Un Misionero me cuenta que a duras penas ha podido evitar en un pueblo estas dos escenas que se representaban desde tiempo inmemorial delante del *Monumento*: la *caza del gato* y el *juego de naipes.*

Yo no sé, ni allí lo saben de dónde y a través de qué adulteraciones se habrán tomano esas ceremonias (así las llaman): pero el hecho es que la noche se la pasaban los acompañantes de Jesús Sacramentado entretenidos en enjaular y perseguir a un gato y en jugar a las cartas...

De otros pueblos sé que la sala de guardia para los que esperan su turno de vela es la *taberna* próxima... de otro, que se quedan a velar al Señor hombres y mujeres con el mismo *ceremonial* del velatorio de los muertos, libaciones de aguardiente o café, ratos de conversación, etc., etc.

Y nada digo del bullicio y desorden a que da pretexto la formación de Procesiones y *Pasos* en esa misma noche, de las guardias ante el Señor de los *soldados romanos* calado el casco, lanza en ristre y aguardiente a todo pasto, ni de mil y mil abusos que a pesar de las órdenes terminantes y severísimas de los prelados y de la energía y habilidad de los párrocos, aún subsisten en no pocos pueblos, no diré de aquí ni de allí, sino de muchas partes.

Y ¿sabéis la medida que ha obligado a tomar esa irrupción de ignorancia o barbarie de los ¡pueblos cristianos!? Pues cerrar las puertas de esos templos en cuanto llega la noche y quedarse solo el pobre párroco con su Jesús amenazado de nueva noche de Pretorio...

¿Veis ahora, Marías, por qué os echaba en ese día tanto de menos? ¿No os parece que para los *días* de las *capitales* y para las *noches* de los *pueblos* es urgente poner entre la vista de Jesús y la ola de la *sensualidad* o de la *ignorancia* unos ojos que lo miren con pureza y que lo conozcan y unos corazones muy limpios, muy enterados, muy tiernos y muy ardientes en los que *al menos* se sienta el suyo reconocido, agasajado, desagraviado, correspondido, descansado?...

Y ¡qué! ¿No os toca a vosotras dar a los ojos y al Corazón de Jesús en cada uno de esos *Monumentos* esos ojos y ese corazón?

17. EL CORAZÓN DE JESUS ESTÁ DEFENDIENDO A SUS MARÍAS LEALES

¿Por qué molestáis
a esta mujer?
Mt 26,10

Lo que hacen por Él las mujeres

Marías, la piedad de mis hijos tiene en los días de Pascua fijas sus miradas y empeñados sus agradecimientos en el proceder de vuestras maestras y hermanas mayores del Evangelio.

¡Se portaron tan bien conmigo! ¡Me fueron tan fieles en seguirme *siempre, siempre!* ¡Lo mismo cuando las turbas me aclamaban su Rey, que cuando pedían mi crucifixión, lo mismo en las delicias del Cenáculo que en los horrores del Calvario!

¡Qué pena y qué vergüenza debe levantar en el pecho y en la cara de mis hijos, los hombres, el contemplar en mi Evangelio representada la Lealtad en figura de mujer y no de hombre...!

Pero por muy interesantes y atrayentes que aparezcan en el teatro de mi vida terrena esas representaciones vivientes de la lealtad, agrándanse en interés y belleza cuando se las contempla en torno de mi cuerpo muerto.

¡Las Marías del Sepulcro!

Delicadezas de amor, generosidades de la piedad, heroísmos de la fidelidad, valentías de la debilidad, ¡ahí tenéis vuestra Obra y vuestra imagen! ¡Así se ama! ¡Así se ama hasta el fin!

Lo que hacen por Jesús los hombres

Si la historia de *mis hombres* en mi Pasión puede escribirse con el *«abandonándolo huyeron todos»* (*Mt* 26,56), de mi Evangelista, la historia de mis Marías hay que escribirla con el *«María Magdalena vino por la mañana antes del alba, al sepulcro» (Mt* 28,1)...

Ellos se van; *ellas* se quedan; *ellos* me abandonan apresuradamente, vivo aún; *ellas* me buscan con prisa hasta muerto; *ellos* me niegan; *ellas* me confiesan con sus lágrimas; *ellos* me venden por dinero; *ellas* gastan el suyo en comprar aromas y bálsamos para ungirme; unos y otras son tardos en creer mi tantas veces anunciada resurrección; pero al paso que *ellos* se van a Emaús el día tercero a su negocios, *ellas* se van al sepulcro.

* * *

Y ¿por qué, hombres míos de entonces y de todos los tiempos, por qué ese proceder tan opuesto al de mis hijas?

¿Por qué siguen siendo *ellas* las que me buscan en mis Sagrarios y *ellos* los que no vienen?

¿Por qué sigue teniendo la lealtad a Mí figura de mujer y la deslealtad y la ingratitud y el menosprecio y el desaire figura de hombre?

¿Por qué?...

Si no os atrevéis, hombres, a contestar esos porqués, al menos no impidáis a vuestras mujeres, con vuestras burlas y vuestras persecuciones, que me sigan buscando en donde me tienen como muerto y, si al fin algún día os decidís a buscar lo que os conviene, *creed a las Marías...*, haced caso de lo que os digan de parte del Jesús de sus Sagrarios abandonados...

¡En muchos sitios y para muchas almas no tengo más apóstoles que me prediquen y anuncien que mis Marías!

Hombres, no molestéis a estas mujeres... ¡Marías! ¡Marías! ¡Cuánto os debo y... cuánto me debéis!...

18. EL CORAZÓN DE JESÚS ESTÁ PAGANDO LA LEALTAD DE SUS MARÍAS

Y salieron (las Marías)
presto del sepulcro
con temor y gozo grande...
Mt 28,8

Ante el sepulcro vacío

¡Plugo a vuestro Jesús, al Jesús de vuestras compañías fieles y de vuestros seguimientos constantes, pagaros con tanta generosidad vuestras fidelidades y constancias! ¡Os puso tan en *primer lugar* en sus días de muerto y resucitado, que parecía revelar un empeño decidido de pagaros la humildad y gusto con que os quedabais en los últimos lugares cuando lo seguíais vivo!

Marías, con ese epígrafe «Ante el sepulcro vacío», ¡qué meditaciones tan jugosas podrían hacerse, qué lecciones tan provechosas tomarse y qué estímulos, qué horizontes, qué orientaciones, qué modelos para vuestra acción eucarística!..

Lo que da Jesús en sus horas de triunfo

¡Qué página primera de la Resurrección!, ¡qué mañanita aquella la del Domingo de Pascua! De una parte los discípulos..., los ¡hombres! encogidos de miedo, mordidos de la incredulidad y encerrados en un cuarto de Jerusalén, y de otra, las Marías, ¡las mujeres!, tomando la delantera al sol sin miedo a los guardias que el odio puso custodiando al Maestro, para volver a ocupar su sitio ¡junto a Él!

Y cuando se ve ese contraste, ¡qué bien cae en el alma la largueza con que Jesús resucitado paga!

Sí, sí, ¡cómo os debe llenar el alma de agradecimiento, hasta hacerla rebosar, la donación de tantas primicias con que fueron honradas y agasajadas vuestras hermanas mayores, las Marías del Evangelio!

Para ellas la *primera noticia* de la Resurrección, para ellas la *primera aparición*, para ellas la dicha del *primer beso* en las gloriosas cicatrices de los pies, para ellas el honor de ser las *primeras predicadoras* de la Resurrección.

Y mezclados con esos gozos y enaltecimientos, ¡cuántas enseñanzas y cuántas lecciones ante el sepulcro vacío!

Cuando se os haga pesado, casi insoportable por dificultades de las cosas o de los hombres sosteneros junto a vuestro Sagrario Calvario, acordaos de las *primicias* que os esperan, en cuanto llegue la mañanita de la Resurrección...

Cómo hay que prepararse

Y contad con que esa mañanita llega...

¿No os habéis fijado en las palabras del Evangelio que he puesto al frente de estos renglones?

¿No os ha llamado la atención el contraste de ese *temor* y de ese *gozo grande* con que dice que salieron las Marías?

¿No os parece contradictorio el relato?

Si gozo, ¿por qué temor?

Si temor, ¿por qué gozo?

Os explicaríais bien ese temor *antes* de llegar y de entrar; los guardias, la soledad del lugar, las tinieblas de la madrugada, la pesadez de la losa del sepulcro, todo eso se comprende bien que hubiera podido servirles de motivo de temor; pero, ¿después?, ¿después de ver con sus propios ojos que allí no hay guardias, ni piedra que quitar, ni muerto que llorar, y sí ángeles de faz sonriente y vestidos blancos y con refulgores de sol?, ¿temor? Y temor grande que las hace *salir presto* del sepulcro...

¿Verdad que no os lo explicáis?

La explicación de ese temor será precisamente una lección de gran provecho para vosotras, Marías de los Sagrarios–Calvarios, que también os dejáis llevar de él con tanta sinrazón como vuestras hermanas del Evangelio.

¿Por qué temían?

Os lo voy a decir con una palabra: porque les faltaba fe.

Sí, a pesar del valor, la abnegación, la fidelidad y hasta el amor fino y obsequioso con que habían seguido al Maestro vivo y muerto, les faltaba fe.

Por una paradoja, que a las veces se da en el corazón humano, las Marías iban al sepulcro con más amor que fe, y más diría, con mucho amor y ninguna fe.

Amaban al *Muerto* y no creían en el *Resucitado.*

Multitud de veces le habían oído predecir su Resurrección lo mismo que sus apóstoles y ni estos ni aquellas cuentan para nada con la Resurrección.

Prueba de ello fue aquel ir a ungir al muerto, como si se hubiera de quedar en el sepulcro para siempre, en vez de irse a esperar su Resurrección.

Y todavía se quedaron más atrás en punto a fe los apóstoles. Encerrados en la ciudad y sobrecogidos de miedo, no tuvieron para los varios mensajeros que les iban llegando de la Resurrección más que esta triste palabra del Evangelio: *«¡No creyeron!» (Mc* 16,11).

¡No creyeron!

Pero parecía que al oír de labios de un ángel que Jesús había resucitado, *como había predicho*, y al contemplar el sepulcro vacío y los guardias despavoridos, la fe en la Resurrección debiera nacer al punto en aquellas almas tan bien preparadas, y disipar todas las nubes de incertidumbres, ignorancias o incredulidades que la envolvían.

Y, ¡oh misterios del corazón! El sol de la fe en la Resurrección no logró romper y traspasar aquellas nubes.

Las Marías salieron del sepulcro con alguna más fe que entraron, es cierto; pero no con la fe segura, completa, viva, radiante, incompatible con el miedo.

Y por eso el Evangelista se ve precisado a poner delante de aquel *gran gozo*, que el anuncio del ángel puso en sus almas, el *temor* del que vacila y duda.

Marías

Permitidme que llame vuestra atención sobre ese estado del alma de vuestras hermanas mayores ante el sepulcro vacío.

Quizás, quizás algo de eso os ha pasado a vosotras ante vuestro Sagrario–Calvario.

Vais a él porque amáis, es verdad, y porque amáis con ardor, con compasión y dispuestas a remover cuantas dificultades se os presenten.

Pero dejadme que os diga que alguna vez se ha repetido en vosotras esa especie de paradoja de *amor sin fe* que se dio entonces.

Creéis menos que amáis; diríase que es más ardiente vuestro amor que viva vuestra fe.

¿Sabéis en qué lo conozco?

En la facilidad con que os quejáis del poco fruto, con que dejáis de ir, con que os cansáis de estar a solas con Él, con que os tratáis de convencer de que allí no se puede conseguir nada...

Yo os aseguro que si vuestra fe en el que visitáis fuera de verdad *viva,* antes se gastarían las losas de los caminos que os conducen a vuestro Sagrario, que vuestros pies de ir y vuestra lengua de hablar y vuestro corazón de palpitar por Él...

Marías

¿Queréis que el *gozo grande* de la Resurrección os acompañe siempre, siempre en vuestras idas y venidas de los Sagrarios?

Ya sabéis el secreto. No deis un solo paso sin *fe viva.*

No lo olvidéis: *Fe viva, constante.*

¡Escasea tanto entre los que creen y aman!

María Magdalena

No sería fino ni justo dejar pasar la escena de la mañana de Resurrección sin una mención singular, sin una palabra de recuerdo, de homenaje, de felicitación a vuestra hermana mayor, la Magdalena.

Si el Maestro profetizó que de ella se hablaría con elogio en el universo mundo y por todas las generaciones, ¿no será cumplir la profecía añadir al elogio la imitación?

Y ¡estáis tan obligadas vosotras, Marías, al homenaje a esa María *que amó mucho!*

Yo os pediría la imitación de la *humildad* y la *constancia* que brillan en ese amor de vuestra hermana.

Ella se goza en estar *a los pies* de su Maestro y es la única que *no se va.*

Y, gustó tanto al Corazón de Jesús ese amor humilde y hasta el fin, que premió hasta los *desatinos* de ese amor.

María llora porque le habían robado a su Señor, pregunta al que creía el ladrón, se decide ella misma a recuperarlo y no cae en lo que hubiera sido más acertado, en creer en la tan anunciada Resurrección.

Jesús, sin embargo, se fija más en aquel *desatino del amor* que en la ausencia de fe en su palabra y *premia* a la Magdalena con la primera de sus apariciones.

* * *

Aunque las Marías no hicieran otra cosa a la puerta de sus Sagrarios sin almas y de las almas sin Sagrario que hacer brotar o repetir las lágrimas del amor humilde y constante de la Magdalena, ya harían bastante para que se acelerara la hora feliz del encuentro de las almas con el Sagrario.

Aquellas lágrimas y no la *visita de inspección* de Pedro y Juan se llevan el premio de la *primera* aparición...

19. EL CORAZÓN DE JESÚS ESTÁ DANDO EL MAYOR AMOR

Nadie tiene mayor amor
que el que da su vida
por sus amigos
Jn 15,13

Los tres puntos de vista

Los buenos cuadros, como los grandes espectáculos, para que puedan ser bien apreciados, deben mirarse desde su punto de vista.

El Cenáculo, cuando en él se instituye y se da de comer por vez primera la Sagrada Eucaristía, como el Sagrario en que se guarda la Eucaristía para ser comida unas veces, las menos, y despreciada otras, las más, tienen tres grandes puntos de vista: el cerrito de Getsemaní, el corredor del patio de Caifás y la cima del Calvario.

¡Qué fatídicamente bien se ve desde esos tres puntos la suerte que espera en el mundo al *mayor Amor* de la Eucaristía! ¡Desde Getsemaní se le ve abandonado; desde el patio de Caifás, negado; desde el Calvario, crucificado y maldecido!

¡Triste suerte la del *mayor Amor* sobre la tierra de los hijos de los hombres!

¿Cuál es el mayor amor?

Jesús definió el mayor amor entre los hombres el de aquel que da su vida por sus amigos. La Eucaristía es un amor mucho mayor, infinitamente mayor que el mayor amor entre los hombres.

Eucaristía es dar la vida por los amigos y por los enemigos, no una vez sino innumerables veces.

Jesús, Maestro mío, ¿me permites alargar tu definición del *mayor amor?*

Tú dijiste: «Nadie tiene mayor amor que el que da su vida por sus amigos...», a no ser el que ha inventado la Eucaristía para darla todos los días y todas las horas por sus enemigos ¡hasta la consumación de los siglos!

¡Este sí que es el mayor amor perpetuado en una locura!

¿Cómo se paga el mayor amor?

Los demonios y su gente pagan ese *mayor amor* de Jesús Sacramentado con su *odio mayor*. ¿Conocéis odio que se parezca al de los impíos a Jesús, a su Iglesia y a sus instituciones?

Es odio de marca propia y de estilo especial.

Ese odio, después de todo, desde el punto de vista del diablo, es muy justo.

Este y su gente, en definitiva, no tienen más enemigo que Jesús. Esa es su paga.

Pero, ¿será justo que los cristianos le paguen, no ya con odio, sino con indiferencia o con amor *menor?*

¿Verdad que, si amor con amor se paga, el *amor mayor* de Cristo debe pagarse con el *amor mayor* del cristiano?

Es decir, con amor hasta el sacrificio y por toda la vida.

Si el amor que me tiene mi Jesús es *amor* de *Hostia,* yo debo ser para Jesús *hostia de amor.*

Si Jesús es mi Hostia de todos los días y de todas la horas, ¿no debo yo aspirar y prepararme a ser su *hostia* de todas las horas y de todos los días?

20. EL CORAZÓN DE JESÚS ESTÁ RESUCITANDO ALMAS

Resucitó
Mt 28,6

El resucitador único

Es un oficio muy suyo, resucitar Él y resucitar a los demás.

Tan suyo, tan exclusivamente suyo, que ante la muerte el único que se ha atrevido a hablar y a mandar es Jesucristo.

El talento del médico podrá conservar a un hombre sano, curarlo algunas veces, si está enfermo, prevenirlo para que no caiga; pero dar la vida, cuando la vida se acabó, eso no lo hacen, no lo pueden hacer los médicos.

El cariño de una madre con el esmero de sus cuidados, con el calor de sus besos, con el fruto de sus abnegaciones, hará prodigios cerca del niñito enfermo, llegará quizás hasta hacer misteriosa violencia a la vida para que no se vaya, pero si vino la muerte a cerrar aquellos ojitos queridos, ¡ah!, la madre no podrá volvérselos a abrir.

¡Pobre ciencia y pobre cariño de los hombres, que no podéis devolver la vida, que no podéis resucitar a nadie!

Pero el Cristo de mi Sagrario puede resucitar, ¡vaya si puede!

Me lo asegura el Evangelio, me lo confirman cada día las resurrecciones que le veo hacer.

El Evangelio me dice que resucitó a una niña recién muerta, a un mozo a quien llevaban a enterrar y a un hombre maduro enterrado hacía cuatro días.

Y desde entonces acá, ¡cuántos muertos, jóvenes y viejos, hombres y mujeres de poco y de mucho tiempo, resucitados en el Sagrario! Y ¡qué resurrecciones!

Lo que se ve desde el Sagrario

Yo soy sacerdote del Señor y como tal custodio de un Sagrario y, si como sacerdote que veo las almas por dentro, puedo certificar de muchas *defunciones espirituales,* como custodio del Sagrario he de certificar también de muchas, muchas resurrecciones.

Yo he visto pasar por delante de mi Sagrario muchos muertos llevados a enterrar por sus propios vicios y pecados que oficiaron de verdugos y asesinos; yo he olido desde mi Sagrario la corrupción de muchas almas y hasta de pueblos enteros, muchos años ha muertos y sepultados en cieno; yo me he estremecido de terror muchas veces al ver caer muertas, casi a mis pies, almas brindando salud hacía un instante; yo sufro angustias de muerte ante el contraste diario del Sagrario, Palacio de la Vida que nunca muere, y el mundo, pudridero gigantesco de las almas. Sí, desde ningún punto de la tierra se conoce y se siente la alegría de la vida de las almas y la inmensa tristeza de las almas muertas como desde el Sagrario.

Lo que se saca del Sagrario

Pero también no pocas veces detrás de aquellas almas de niños muertos por el primer pecado mortal, de jóvenes licenciosos, de hombres empedernidos en la iniquidad, de mujeres disipadas o prostituídas, he visto llegar a un amigo, una hermana, una madre, se han postrado de rodillas delante del Sagrario y se han puesto a llorar... ¡Dios mío, Dios mío, y qué milagros hacen esas lágrimas ante los Sagrarios por las almas muertas!

¡Cómo se repiten las lágrimas de Jairo y su familia junto a su niña recién muerta, las lágrimas de la viuda de Naím detrás de su hijo que llevan a enterrar, las lágrimas de Marta y María junto al sepulcro del hermano muerto y corrompido y cómo se repiten el «levántate y anda» arrancado al Corazón de Jesús, por aquellas lágrimas...!

¡Madres y hermanas que lloráis hijos y hermanos muertos del alma, ya sabéis en dónde y cómo vuestras lágrimas se hacen omnipotentes y resucitan muertos!

¡Llorad en el Sagrario!, ¡llorad junto al Corazón que vive allí!, ¡lloradle mucho, que el que es inflexible y duro para resistir a los soberbios, no sabrá, ni querrá resistir a las lágrimas de la humilde y porfiada confianza...!

* * *

Señor, grande y magnífico eres sacando de la nada los mundos por un acto de tu omnipotencia y de tu voluntad soberanas, y grande y magnífico eres también tornando los muertos a la vida por la sola influencia de unas lágrimas humanas...

21. EL CORAZÓN DE JESÚS ESTÁ DEDICADO A OCUPACIONES CASI SIEMPRE IGNORADAS Y CASI JAMÁS AGRADECIDAS

Ven, Evangelio querido; ven, Evangelio de mi Señor Jesucristo, a hablarme un poquito más de Él, a descubrirme otra ocupación suya en su Sagrario... ¡Interesa tanto a mi alma sorprenderlo trabajando en aquel rinconcito de sus soledades...! ¡Me acerca tanto a Él, ensancha y aviva mi fe adivinarlo allí trabajando...! ¡siempre...! ¡por mí...! El Evangelista san Juan nos dijo que otras muchas cosas hizo Jesús que no se escribieron en el Evangelio. ¡Obras ignoradas y no agradecidas por el mundo! ¡Cuántas de estas brotarán de cada Sagrario!

Con tres hechos

me responde afable a mi petición, el Evangelio.

¡Oh!, ¡qué luz tan viva irradian esos hechos evangélicos sobre el misterio del Sagrario!

El primero

es la curación del paralítico de la piscina de Betsaida. Jesús llega a él, lo ve tendido en su camilla, lee en sus ojos la gran angustia de treinta y ocho años de enfermedad y *sin preguntarle por su fe, y sin darse a conocer con él,* le manda que se levante, se eche a cuestas su camilla y salga andando...

El Corazón de Jesús hace ahí un milagro en favor de quien no le conoce.

Otro hecho

Pedro corta la oreja del esbirro Malco que viene con cuerdas y palos a prender a quien no le había hecho daño alguno.

Jesús se inclina hasta la tierra, toma entre sus puros dedos aquella sucia oreja, se yergue y la vuelve a pegar a la cara que aún manaba sangre.

El Evangelio no dice que aquel hombre se convirtiera ante aquel milagro.

No arroja de sus manos las cuerdas para amarrar ni el palo para intimidar y pegar al que le estaba devolviendo su oreja y enjugando la sangre de su herida...

El Corazón de Jesús hace ahí un milagro en favor de quien lo odia y lo seguirá odiando.

El tercero

La muchedumbre había seguido al Maestro tres días sin preocuparse de más comida ni bebida, que oír su palabra y verlo a Él.

Era ya hora de que aquellos hombres comieran.

Ni los hambrientos oyentes, sin embargo, ni los discípulos lo piden, ni exponen siquiera su hambre.

Es Él quien propone la cuestión del hambre y sus amigos no aciertan a resolverla más que con el egoísta «sálvese el que pueda» de las situaciones desesperadas.

A ninguno se le ocurre pedir un milagro de pan.

El Corazón de Jesús hace ahí un milagro en favor de quien no le pide, aunque lo conozca y lo ame...

Ahora

almas ávidas de Sagrario, meted la *luz* que arrojan esos tres hechos por entre las cortinillas del Sagrario vuestro y mirad hacia dentro... mirad, mirad.

¡Ahí está el propio Jesús del Evangelio, haciendo lo mismo que allí; *haciendo bien y hasta milagros,* cuando estos son menester, *en favor de los que no saben que hay Sagrarios, de los que odian y odiarán siempre el Sagrario, y de los que, aun conociéndolo y amándolo, no acaban de aprovecharse de Él ni de contar con Él para todo y para siempre!...*

* * *

Mirad bien, almas, y después de mirar, buscad por el mundo a ver si encontráis un corazón más generoso, más desinteresado, más exquisitamente fino que el Corazón aquel de vuestro Sagrario...

Almas, ¿no os parece que esa ocupación tan poco conocida y agradecida del Corazón de Jesús, pide en retorno de vosotras ansias de verlo y de sorprenderlo e ingeniosidades de amor para agradecerlo?

22. ESTÁ...

He aquí que estoy con vosotros
hasta la consumación del siglo
Mt 28,20

María del Sagrario–Calvario, al principio de este librillo saboreaste esta palabra: el Corazón de Jesús *está allí*, en tu Sagrario.

Seguramente tu corazón al leer, como el mío al escribir, se ensanchaban de alegría, de dulcísima satisfacción, de inefable seguridad, al saber, más todavía, al persuadirnos de que a pesar de nuestras ingratitudes, de nuestros abandonos, hasta de nuestros sacrilegios, *Él está allí*, sin irse, aunque todos nos vayamos de su lado, y está mirando, exhalando virtud, escuchando, esperando, resucitando, transfigurando, sembrando y... pon todos los verbos que signifiquen acción buena, que antes acabarás la lista de ellos que de contar lo que está haciendo el Amor del Sagrario.

El verbo activo

Añade a ese *verbo, está*, que los gramáticos llaman *auxiliar*, un verbo *activo*.

¿Cuál? El que tú quieras, con tal de que exprese *acción buena*.

Amar, perdonar, socorrer, curar, alimentar, dirigir, enseñar, aliviar, consolar, iluminar, fecundar... busca verbos que expresen acciones buenas y ponlos sin miedo junto al *estar* aquel y verás qué bien se unen. Pon cada uno de sus milagros, de sus gotas de sudor, de sangre y de lágrimas, de sus pasos, de sus horas de trabajo..., y después añade: eso *está haciendo aquí* el Corazón de mi Jesús...

El Corazón de Jesús en el Sagrario está... amando, perdonando, alimentando... ¡Qué cierto es todo eso...! ¡Qué dulce, qué regalado es eso...! Y todavía más cierto, dulce y regalado, si añades al verbo este adverbio: *Siempre*... No es un capricho mío, no es un deseo de mi corazón, es una exigencia del Evangelio.

Allí encuentro ese adverbio inseparablemente unido a aquellos verbos que enunciaba antes, *siempre* amando, *siempre* perdonando, *siempre* enseñando, *siempre, siempre...*

¿Y el término de la acción?

Al llegar aquí una pena tan grande como el mal que la produce y ese mal no tiene medida, nubla mis ojos, corta mi alegría y me pone triste.

Mira; en el Evangelio esa oración gramatical cuyos *sujeto, verbo* y *adverbio* te llevo dicho, tenía un *término de la acción...*

En el Sagrario muchas veces la oración no concluye, no puede concluir por falta de *término de la acción...*

El Corazón de Jesús está aquí alimentando, perdonando, enseñando, consolando, siempre a... ¡qué pena, hermana mía!, en muchos Sagrarios, en innumerables Sagrarios, no puede acabarse de enunciar esa oración, porque después de ese *a* no hay término que poner.

¡No hay quien quiera recibir esa acción...!

Esos son los Sagrarios–Calvarios: *unos Sagrarios sin término de la acción.*

* * *

Marías de los Sagrarios–Calvarios, esa es la gratísima misión de vuestra Obra: llevar a esos Sagrarios manos, y ojos, y bocas, y cabezas, y corazones que nos completen aquella oración que ni la gramática, ni el orden, ni la nobleza, ni la justicia permiten que esté sin concluir... y en caso de no encontrarlo o mientras los encontráis, hacer prodigios de multiplicación de fuerzas y de amor, para que no haya Sagrario sin *término de la acción.*

23. EL CORAZÓN DE JESÚS, A PESAR DE TODO, ESTÁ SOLO

Solo en la tierra
Mc 6,47

¿Queréis que tengamos un rato de expansión en la intimidad de la familia?

Pues figuraos que celebramos nuestra entrevista no junto al Sagrario abandonado que tanto conocéis y sobre el que tanto habéis llorado, sino junto al Sagrario más frecuentado que conozcáis.

Tengo gran interés en que ese Sagrario–Tabor, al parecer por lo menos, inspire mi conversación.

Llevo muchos años hablando y escribiendo de abandono de Sagrario y muchos sintiendo en mi alma de sacerdote la acerbidad y la transcendencia de ese mal y, sea por la fuerza de la costumbre, sea por gracia de Dios, sea por ambas cosas a la par, yo no acierto a ver ni a sentir, ni a querer a mi Señor Jesucristo más que a través de esta pregunta:

¿Solo o acompañado?

¿Cuándo está más solo?

Sin negar el valor de otros criterios, para mí prácticamente no hay más que éste para dar patente de buena a una obra o a una acción y entusiasmarme ante ella: ¿acompaña, busca compañía a Jesús Sacramentado?

Buena es, y más buena mientras más acompañe.

¿Deja solo a Jesús Sacramentado, aunque lleve mucho ruido de cántico y de orquesta, y mucho olor de incienso, y mucha suntuosidad de culto externo y ruido de multitudes y aplausos de triunfos y mucho de otras cosas buenas?

Pues llamadle rarezas, idiosincrasias, parcialidades, lo que queráis, pero no me pidáis en favor de esas obras ni una brizna de entusiasmo, ni un latido de corazón, ni un acento de aprobación, ni un ligero ademán de aquiescencia; lo más, lo más, que podéis esperar de mí es que *no proteste* contra ella o que me calle.

Y no me pidan más. Porque me veré obligado a deciros que en la Iglesia de Dios lo que no sirve para dar compañía a Jesús Sacramentado no *sirve para nada*... oídlo bien, ¡para nada!

Como para nada sirve lo que extravía, lo que engaña, lo que mata, y en la presente economía de la Iglesia produce eso todo lo que no está en contacto con Jesús Sacramentado, *único* camino sobrenatural, *única* verdad sobrenatural y *única* vida sobrenatural. *Sin Él, ¡nada!* (cf. *Jn* 15,5).

Y ¡lo siento tan solo!

No ya en los Sagrarios, a los que nadie va, que ahí su soledad se impone con evidencia aterradora, sino en los Sagrarios frecuentados de las iglesias más concurridas.

Mi ministerio de sacerdote, *cultivador de almas* primero, y de Obispo ahora, *inspector de almas* y de cultivadores de almas, junto con la luz de que Dios acompaña esos ministerios ¡me dan a conocer los adentros de tantas cosas! ¡Cuántas y cuántas veces siento ganas de llorar por lo que los demás festejan y aplauden! ¡Cuántas veces una prudencia, no sé hasta qué punto recta, pone en la boca palabras y en la cara gestos que dicen todo lo contrario de lo que el corazón siente! ¡Cuántas veces es derrota vergonzosa lo que como triunfo se celebra! y ¡cuántas se toman como triunfos de Jesucristo los triunfos de la vanidad, del egoísmo, de la sensualidad, de los falsos o equivocados amigos de Jesucristo!

Y si esto lo siento yo

con el corazón, que por ser humano es torpe, corto y flaco, ¿qué no sentirá el Corazón fino, largo, ancho, puro y grande que vive en nuestros Tabernáculos?

Sí, ¿qué sentirá Él entre esas muchedumbres de las Misas de doce, de las novenas suntuosas, de las fiestas de caridad, de las bodas aristocráticas, de los funerales de adinerados, de las Misas de campaña?...

¡Él sólo lo sabrá! Pero, ¿no nos dicen nada aquel estar sin recogimiento, y aun sin el respeto de la casa ajena, aquel mirar en todas direcciones, aquel hablar y reír y aquel aire de curiosidad o aburrimiento de muchos, muchos de los que forman esas multitudes?

Marías, que ya os vais acostumbrando a adivinar lo que da grata compañía al Amado, ¿verdad que en medio de esas muchedumbres que llenan el templo estáis sintiendo *solo* a Jesús?

Y no creáis que nada más que entre esas muchedumbres de cristianos frívolos y mundanos se siente solo Jesús, que cuando se oye hablar y se ve vivir a otros muchos que por devoción y hasta por consagración *parece* que lo acompañan, se sienten en el alma los mismos escalofríos de la soledad del más solo de los Sagrarios.

¡Solo a pesar de la compañía!

No, no, ¿cómo va a sentirse acompañado el buenísimo y purísimo y generosísimo Corazón de Jesucristo con aquellos rezos y aquellas Comuniones y aquellas devociones y aquellas caridades y aquellos celos y aquellos cariños tan poco buenos, tan poco puros y tan nada sobrenaturales?...

Marías, ¡qué campo tan dilatado se abre aquí a vuestro amor reparador y a vuestra compañía desagraviadora! ¡Qué estímulos tan eficaces para la purificación y perfección crecientes de vuestras acciones!

Sabedlo y no lo olvidéis. El Corazón de Jesús Sacramentado padece hartas soledades no sólo en sus Sagrarios–Calvarios, sino en sus Sagrarios–Tabor.

¡Hay muchas más soledades que las que se ven con los ojos de carne!

Siempre paso con pena sobre esa frase del Evangelio: *«Él solo, en tierra»*...

¿Sabéis cuándo se ha dicho de Él?

Precisamente en el espacio de siete u ocho horas que media entre dos grandes milagros: el de la multiplicación de los panes y peces obrado por la tarde y el de la aparición milagrosa en la barca por la madrugada siguiente...

¡Solo!, y ¡cuántas veces lo está ahora, no ya después o antes de sus grandes milagros como son sus Sacramentos, su culto y sus Misas, sino durante los mismos y en medio de muchedumbres que con *la boca* le llaman Rey, Padre, Señor...!

Y ¡qué!, almas de Sagrario, ¿no habrá compañía *interior* para estas *interiores soledades* de Jesús Sacramentado?

¿No habrá *Marías especiales* para estos *Viernes Santos* disfrazados de *Domingos de gloria?*

Parte II

Qué dice
el Corazón de Jesús
en el Sagrario

«Todo el que oye
estas mis palabras y las cumple,
se asemejará al varón sabio
que edificó su casa
sobre piedra firme»
Mt 7,24

1. ¡DICE TANTO Y TAN BUENO!

Será el Evangelio el mago prodigioso que nos haga oír ruidos de palabras en donde el resto de las gentes no oye nada. ¡Oh palabra divina del Jesús de mi Sagrario, toca a mi oído, entra en mi alma y quédate allí resonando con eco inextinguible!

Callad, lengua mía, sentidos míos y potencias mías; callad, pasiones de mi alma y nervios de mi cuerpo; callad, recuerdos del pasado y ambiciones tumultuosas de lo porvenir; callad, que voy a mi Sagrario a escuchar la *voz dulce*, que no habla más que a las almas en silencio...

Marías, ¿os enteráis? En el Sagrario hay tiempo de hablar y tiempo de callar. Hablad cuanto queráis; pero después callad cuanto podáis; en silencio exterior e interior esperad; ya recibiréis la respuesta... ya oiréis...

2. SIMÓN, TENGO ALGO QUE DECIRTE

Tengo algo que decirte
Lc 7,40

Importa mucho, María, que fijes en tu cabeza y más en tu corazón este anuncio:

El Corazón de Jesús en el Sagrario
tiene siempre algo que decirte.

Como a Simón, el fariseo desatento que lo convidó a comer, te dice a ti: «Tengo algo que decirte».

Y antes de que le respondas, como aquel, «Maestro, di», quiero y te ruego que te detengas un poco a saborear esas palabras. ¡Dicen tanto al que las medita, que ellas solas calmarían más de una tempestad y disiparían más de una tristeza!...

Fíjate en el afectuoso interés que revela ese tener Él, ¿sabes quién es Él?, que decirte *algo* a ti, a ti. ¿Te conoces un poquito?

¡Él a ti! ¿Puedes medir toda la distancia que hay entre esos dos puntos? ¿No? Pues tampoco podrás apreciar cumplidamente todo el valor de ese interés que tiene Él en hablarte a ti. ¡Él a ti!

Una comparación
te dará idea aproximada de lo que significa ese interés.

Respóndeme: ¿Hay mucha gente en el mundo que tenga interés en decirte algo? ¡Claro! Como es tan reducido el número de los que te conocen, en comparación con los que no te conocen, puedes afirmar que la casi totalidad de los hombres no tienen nada que decirte. Y entre los que te conocen, ¿sabes si son muchos los que tienen algo que decirte?

La experiencia sin duda te habrá enseñado que de los que te conocen quizás no sean pocos los que digan *de* ti, ¡se habla tanto de los demás!, pero a ti, fuera de los mendigos y necesitados, ¿verdad que son muy pocos los que tienen que decirte algo que te interese, sólo para ti, que te haga bien?

¡Verdaderamente despertamos tan escaso interés en el mundo!

¿Qué interés despierto yo?

Nosotros tan insignificantes, pese a nuestro orgullo, en el mundo y ante los hombres; nosotros, para quienes ni los reyes, ni los sabios, ni los ricos, ni los poderosos, ni aun casi nadie en el mundo tienen ni una palabra ni un gesto de interés, sabemos, ¡bendito Evangelio que nos lo ha revelado!, que el Rey más sabio, rico, poderoso y alto nos espera a cualquier hora del día y de la noche en su Alcázar del Sagrario para decirnos a cada uno con un interés revelador de un cariño infinito, la palabra que en aquella hora nos hace falta. Y ¡que todavía haya aburridos, tristes, desesperados, despechados, desorientados por el mundo! ¿Qué hacen que no vuelan al Sagrario a recoger su *palabra,* la palabra que para esa hora suprema de aflicción y tinieblas les tiene reservada el Maestro bueno que allí mora?

Y ¡tiene tanto valor esa palabra! ¿No has visto cómo se calma el ansia del enfermo dudoso de la gravedad de su mal al oír al médico la palabra tranquilizadora y anunciadora de pronta mejoría? ¡Y la *palabra* del médico *no cura!* ¡La Palabra del Sagrario, sí!

María del Sagrario,
alma creyente, lee en buena hora libros que te ilustren y alienten, busca predicadores y consejeros que con su palabra te iluminen y preparen el camino de tu santificación; pero más que la palabra del libro y del hombre, busca, busca la palabra que para ti, ¿lo oyes?, para ti sola tiene guardada en su Corazón para cada circunstancia de tu vida el Jesús de tu Sagrario.

Ve allí muchas veces para que te dé tu *ración,* que unas veces será una palabra de la Sagrada Escritura o de los santos que tú conocías, pero con un relieve y un sentido nuevos, otras veces será un soplo, un impulso, una dirección, una firmeza, una rectificación, no tienes más que pronunciar con el alma estas dos palabras:

Maestro, di...

* * *

Y sumergida en un gran silencio, no sólo de ruidos exteriores, sino de tus potencias, sentidos y pasiones, espera la respuesta suya.

Que te la dará, no lo dudes, ¡es más fino...!

3. LEVÁNTATE

Mt 9,6

He registrado el Evangelio y he visto que no es sólo un libro de *contemplación*, sino también un programa de *acción* y ¡qué completo, qué arriesgado y a la par qué indulgente con nuestra flaqueza!

Corazón de mi Jesús Sacramentado, aquí tienes de rodillas ante tu Sagrario un *aprendiz*: ¡enséñale a hacer según tu programa!

¡Levántate!

Es la primera lección.

¡Con qué relieve aparece ante mis ojos esa que después de todo es una verdad de sentido común!: que para andar aunque sea un solo paso es menester *levantarse*. ¡Cómo despierta en mi alma ese *levántate* del Maestro tempestades de recuerdos y de remordimientos!...

El *«levántate»* que hacía andar a los paralíticos, despertaba a los dormidos y echaba fuera de sus tumbas a los muertos, ¿qué ha conseguido de mí? Porque es cierto que a mi oído ha llegado más de una vez en los buenos ratos que siguen a una fervorosa Comunión o acompañan a una visita al Sagrario, el «levántate» de aquellos milagros y también es cierto que después he seguido cojeando con una vida de frecuentes caídas y recaídas, o me he vuelto a dormir en el sueño de la tibieza o ¡qué pena! me he vuelto a morir y me han llevado otra vez a la tumba...

¡Qué diferencia, tan deshonrosa para nosotros, entre los curados del Evangelio y los curados del Sagrario! Allí, al «levántate» de tu misericordia y de tu poder dicho una sola vez, respondían los hombres con el salto de su curación radical y de su vida nueva; aquí, al «levántate» de tu amor paciente repetido tantas veces cuantas horas tiene el día y cuantos hijos tienes en cada Sagrario, respondemos unas veces con el bostezo del perezoso, otras con el encogimiento de hombros del indiferente, cuando no con nuevas ofensas e ingratitudes.

Sin levantarse no se anda

Y, sin embargo, *sin levantarnos*, nada podemos hacer ni en la obra de Dios, que es su gloria, ni en la obra del prójimo y nuestra, que es la santificación.

A la luz de esta consideración tan rudimentaria, he visto la causa de la infecundidad de no pocas acciones y empresas dirigidas al parecer por espíritu cristiano y para fines cristianos.

El secreto de esa infecundidad está en que los que así obran son gentes que se empeñan en realizar ese contrasentido.

Andar y hacer andar sin levantarse ellos del pecado o de la tibieza...

Marías, Discípulos fieles
vosotros que andáis empeñados en la gran obra de la compañía del Sagrario abandonado y que para matar estos abandonos andáis leguas y leguas, ¿habéis empezado por *levantaros?*

¿Tratáis cada día de oponer al «descansa ya, déjalo todo» que os susurra al oído la sensualidad o el amor propio, el *«levántate»* que el Maestro bueno del Sagrario os dice tantas veces cuantas horas tiene el día y cuantos hijos tiene en cada Sagrario?...

4. ANDA

Mt 9,6

¡Cuántas, cuántas veces te he oído esa palabra en tu Evangelio; cuántas veces la debes repetir en tu Sagrario!

Ese *Anda* era casi la única condición que ponías al agradecimiento de los beneficiados por tus milagros.

Es para hacerme pensar y meditar muy despacio que al paralítico a quien das movimiento, al ciego y al leproso a quienes devuelves la salud, al muerto a quien das vida, o a la pecadora a quien otorgas el más generoso de los perdones, al apóstol a quien entregas el universo para convertirlo, a todo el que pasa junto a Ti sacándote virtud, le impones siempre este mandato: *Anda*...

¡Cuánto dice esa palabra pronunciada en los momentos solemnes que seguían a aquellas curaciones y operaciones estupendas!

El «Anda» de las madres

¿Os habéis fijado en lo que hacen las madres, sobre todo las madres pobres cristianas, con sus hijos pequeños antes de mandarlos a la escuela?

Han rezado con ellos las oraciones de la mañana, los han lavado y peinado, han sustituido la ropita sucia o rota del día anterior con otra limpia y remendada y después de darles el frugal desayuno y de prepararles la meriendita en el canastito que cuelgan del brazo del pequeño escolar, estampan un beso sonoro en su frente, y... anda, hijo mío– les dicen, mientras los ven partir bañados en las oleadas de una mirada toda satisfacción y todo cariño.

El «Anda» del Evangelio
se parece mucho a este otro *anda* de las madres a sus hijos...

No es la palabra de la despedida para siempre, no es la repulsa del que fastidia, no, no es eso, es la palabra del Amor que ha terminado su obra y espera la correspondencia, es la palabra de la complacencia no en el bien realizado sino en la felicidad del que lo ha recibido, es el deber sobreponiéndose al gusto, es el amor haciéndose principio y móvil de la actividad, es *Jesús Madre* despertando, aseando, curando, vistiendo, engalanando, alimentando y besando a sus hijos para que estos vayan cada día con nuevo gusto al surco que les toca abrir... a la siembra que les toca hacer... a la cosecha que les toca recoger...

Almas de fe
Marías, discípulos de San Juan, que por misericordia de Él *estáis de pie* y sentís en el alma las santas impaciencias del celo que *quiere andar*, o los penosos decaimientos de la flaqueza humana que *no quiere seguir andando*, tomad este consejo que os da quien conoce un poquito a Él y os quiere mucho a vosotros: No echéis a andar por ningún camino ni dejéis de andar por el que hayáis comenzado mientras en vuestra Comunión de la mañana no oigáis el *anda* del *Jesús Ma-*

dre que recibís. Es decir, que el Sagrario sea el *punto* de *partida* y el *punto* de *llegada* de toda actividad.

Ya veréis qué bien se andan los caminos más escabrosos cuando, al pisarlos, y aun al herirnos, podemos saborear allá dentro el *anda* del Jesús de la Comunión de aquella mañana...

5. SÍGUEME

Mt 9,9

Muchas veces ha dicho Jesús en el Evangelio las palabras «Levántate» y «Anda», pero ésta, «Sígueme», muy pocas la dijo.

¿Por qué?

Quizás estará la explicación en que es la *palabra de la intimidad.*

Os invito, almas que aspiráis a esa dulce y misteriosa intimidad, a que saboreéis esa palabra.

Lo que significa

Ese «Sígueme» dicho a un alma por Jesús, que sabe, puede y quiere cuanto dice, equivale a esto otro: alma, conozco tan bien tu pasado, tu presente y tu porvenir, me fío tanto de tu cariño, me encuentro tan a gusto junto a ti, te necesito tanto para mi gloria y me necesitas tanto para tu dicha, que no quiero vivir sin ti, ni me atrevo a decirte el «Anda» hasta luego, sino que quiero que estés conmigo todos los instantes del día y de la noche.

Por eso, esa palabra la solía decir el Maestro después de bañar con una mirada suya tan tierna como penetrante a los que escogía para el dulcísimo oficio de *amigos íntimos* suyos.

Por eso solía anteponer a ella el «si quieres ser perfecto» para dar a entender todo lo que obligaba.

Su historia

Sí, es una *palabra de historia*, ¡y qué historia!

En el Evangelio es la palabra que creó a los apóstoles, y a las Marías, los más íntimos amigos de Jesús, y en el *Sagrario*, desde donde la sigue diciendo, es la palabra creadora de las grandes abnegaciones y de las heroicas renuncias del mundo y de sí mismo. Ese «Sígueme» dicho muy quedo por el Jesús de la Comunión que ha cerrado unos Ejercicios espirituales, ¡qué transformaciones tan radicales, qué victorias tan señaladas, qué inmolaciones tan dolorosas ha operado en las almas que han tenido la dicha de oírlo!

Sí, sí, Marías del Sagrario, preguntad por las rejas y tornos de los conventos, por las salas de los hospitales y de los asilos, por las buhardillas, por los campos de batalla y por donde quiera que moren o pasen existencias preciosas consagradas al amor del Amado, preguntad por la historia de aquella palabra y veréis qué historias tan llenas de amor y de fortaleza, tan indefinidamente variadas y tan infinitamente bellas aprendéis.

Pero, Marías, no vayáis fuera a conocer historias que, quizás sin salir de vosotras mismas, conoceréis muy bien.

Marías, las que lo sois de verdad, las que habéis hecho de vuestra vida con todas sus acciones como un lamento continuado de compasión sobre la gran pena del Sagrario abandonado, ¿qué voz llamó a vuestros ojos, a vuestros pies, a vuestras manos, a vuestra boca, a vuestras lágrimas, a vuestro corazón al Sagrario aquel tras del que se van vuestras miradas y vuestros trabajos y vuestros llantos y vuestro cariño todo? ¿Qué fuerza ha transformado vuestra vida quizás de frívola en seria, de inútil en fecunda, de ociosa y tibia en activa y ferviente?... ¿Qué secreto poder os ha hecho Marías de cuerpo y de alma y de profesión?

¿Os acordáis de aquella hojita, de aquella página escogida al azar, de aquella Comunión, de la visita a aquel Sagrario, de aquella palabra?... ¿os acordáis?

Y qué, ¿no fue aquel el «Sígueme» amoroso de vuestra vocación, la *palabra de la intimidad* regalada por el mejor de los Amigos?

Marías, Marías, ¡qué dicha la vuestra!

En vuestros momentos de duda, de tentación, de vacilaciones, de cobardía, de lucha entre el deber y la pasión, de cansancio, de desaliento, acordaos de aquella boca que os dijo: «Sígueme» y de aquellos ojos que entretanto os bañaban con su mirada tierna y penetrante...

Fijaos que en esa palabra, como está sin tasar la predilección que os revela, está sin señalar el tiempo que os obliga...

«Sígueme» se os ha dicho, ahora y después, hoy y mañana, en la tierra y en el cielo...

«Sígueme siempre».

6. DESCANSAD UN POCO

Mc 6,31

No siempre es movimiento lo que manda el Corazón de Jesús. El mismo que dice «Levántate», «Anda», «Sígueme», es el que ordena a los suyos: «Descansad un poco».

¡Qué interesantes enseñanzas ofrecen estos «Descansad» del Evangelio y las ocasiones en que se mandaban!

Unas veces se da esa orden después de un día de muchos milagros; otras, después de grandes ovaciones y exaltaciones, ora a continuación de cansancios y ahogos apostólicos, ora en presencia de persecuciones dolorosas.

¿Qué significa eso?

¿Qué enseña ese acudir al descanso antes y después de los grandes triunfos de su misericordia sobre nuestra miseria, de su poder sobre nuestras ingratitudes?

¿Tan misteriosa virtud encierra ese descanso?

El misterio del descanso

Ese «descansad un poco» no es el dormir sin cuidado de los discípulos de Getsemaní, ni es tampoco el volver la cara atrás mientras se lleva la mano puesta sobre el arado, de los inconstantes, ni el enterrar el único talento para no tener que explotarlo, de los desconfiados; nada de eso. El «descansad un poco» que precede o sigue a las grandes acciones evangélicas es un *laborioso descansar*, es un dejar quietos los ojos, los oídos, los pies y las manos para reconcentrar la actividad que se quita al cuerpo en el alma y esta vea, oiga y se entregue más enteramente a su Dios.

¡Ah!, y ¡qué bien se ve a Dios con los ojos cerrados, sin ver caras ni de amigos ni de enemigos, sin ver bellezas de tierra que distraen, ni fealdades de acciones que inquietan!, y ¡qué bien se oye a Dios con los oídos tapados para no dejar pasar al alma ruidos ni de alabanzas, ni de halagos, ni de perfidias!, y ¡qué bien se siente a Dios en el alma cuando con voluntad firme y entendimiento dócil se dice a sentimientos e ideas, a afectos y a recuerdos, a ilusiones y a sueños: ¡atrás, que ahora está el alma con Dios!

Y, ¡viene tan bien ver, oír y sentir a Dios en el alma con frecuencia!

Y nota que digo a *Dios en el alma;* porque aquellos apóstoles a quienes se ordenaba descansar, tenían la dicha de ver a Dios, que era Jesús, en cuanto hacían, veían y oían; pero era preciso verlo y oírlo y sentirlo a Él solo, sin turbas de agradecimientos, sin ejércitos de dolientes, sin grupos de perseguidores, a Él solo en la soledad del alma; ese es el *«descansad un poco»* del Evangelio.

Y ese es el *«descansad un poco»* del Sagrario, Marías, almas que por buscarle compañía de amor os afanáis.

Bien está que os paséis los días andando caminos, saltando montes, atravesando ríos, visitando pueblos y llamando de puerta en puerta en busca de almas para vuestros Sagrarios; bien está que quitéis a vuestras noches de sueño horas y horas para alargar vuestros días de labor; bien está, pero *descansad un poco* ante vuestro Sagrario antes de empezar vuestro día y después de darle remate.

¡Al Sagrario! Cerrados los ojos y los oídos y la memoria y la imaginación y el pensamiento para todo lo de *fuera*, ¡a estar con Dios solo!

¡Ya lo sentiréis llegar!..., y si permanecéis quietecitas allí, ya lo oiréis hablar, y si no quiere hablar, ya veréis después cuando volváis al trabajo cómo os *hizo u os dejó algo.*

Por lo menos esos ratos de descanso ante el Sagrario, os servirán para que apreciéis clara y distintamente la *parte de Dios* y la *parte vuestra* en vuestro trabajo pendiente, en el afecto dominante, en la idea que halagáis, en el celo, en la virtud, que al parecer os adorna...

Agitad con violencia el aceite y el agua contenidos en un vaso y desaparecerán ante vuestra vista uno y otra. Dejadlos en reposo y veréis cómo poco a poco el agua se precipita al fondo y el aceite vuelve a flotar en la superficie enteramente desprendido del agua.

¿Comprendéis el símil?

¿Comprendéis por qué el Maestro invitaba tantas veces al reposo a sus cooperadores?

¡Es tan fácil que la agitación del trabajo cotidiano y aun del ministerio apostólico nos quite la vista de lo que pone Dios y ponemos nosotros en ellos y nos induzca a confusiones y a equivocaciones lamentables!

¡Descansad un poco! Y veréis cómo el reposo precipita al fondo de vuestra conciencia las miserias y torpezas de la parte del hombre y hace flotar las maravillas de misericordia y gracia de la parte de Dios... Y ¿os parece poco ir sabiendo en cada obra que hacemos, en cada beneficio o persecución que recibimos la parte de Dios para agradecerla y secundarla y la parte nuestra para corregirla, si es defectuosa, reforzarla, si es débil, anularla, si es perjudicial, o guardarla perseverante, si es buena?

¡No os canséis de descansar!

Vuelvo a deciros, ¡a descansar un poco todos los días en el Sagrario!, ¡a estar a solas con Dios!

Marías, Juanes, trabajad con vuestros pies, con vuestras manos, con vuestra boca, con vuestra cabeza, con todo vuestro corazón... pero, ¡por Dios!, que no olvidéis el *trabajar de rodillas...*, esto es, *descansad un poco...*

7. UN POQUITO

Jn 16

Ángeles del Sagrario

Confidentes perpetuos de las intimidades del Corazón de Jesús en el Sagrario, venid en auxilio de nuestra flaqueza de pensamiento y de corazón y reveladnos el alcance de esa palabra que parece que se ha escrito para alivio y levantamiento de flacos y descaecidos.

¡Un poquito...!

Es la palabra buscada por el Maestro para suavizar una gran pena de sus amigos, la pena de su partida, es el cabo que echó a la esperanza de sus discípulos desolados por la separación, es la fórmula del abrazo de la justicia y de la misericordia, de la justicia que da el golpe, porque es necesario y provechoso darlo, y de la misericordia que lo aligera, lo abrevia, lo suaviza...

¿No recordáis aquella escena?

Era el Jueves, la noche de la Cena última; Jesús hace su testamento. Tiene que partir de este mundo a su Padre, tiene que *quitarse de la vista* y no digo *quitarse de enmedio* de sus discípulos, porque entre ellos quedaba Sacramentado, y, al anunciarles la gran pena de que ya en esta vida sus ojos de carne no cruzarían su mirada con los suyos, ni sus oídos se recrearían con su dulce palabra, ni sus cabezas cansadas podrían recostarse sobre su pecho amigo, ni sus labios besar sus manos, ni sus brazos estrechar sus rodillas, y que ojos y oídos, bocas y manos tendrían que satisfacerse sólo con la fe del alma, se apresura a echar sobre esa pena que tenía que ser muy grande, para hombres que no son sólo alma, sino cuerpo y alma unidos, esta gota de suavísimo y confortador bálsamo: «*Un poquito* y ya no me veréis, y otro *poquito* y me veréis, porque voy al Padre».

El «poquito» de las madres

¡Cuánto me quiere decir ese *poquito!* ¡Qué tesoros de condescendencia con mi flaqueza! ¡Qué conocimiento de mi inconstancia! ¡Qué remedio tan de madre!

Ese poquito ¡recuerda cosas tan gratas!

¿No es verdad que recuerda a las madres escondidas *un poquito* de la vista de sus pequeñuelos para ver si andan ya solos, y también complacerse en saber que las echan de menos?

¿No recuerda también ese *poquito* a las madres haciendo pasar medicinas amargas a sus hijos enfermos? –¡un poquito no más, hijo mío, y te pones bueno!– les dicen a cada sorbo. Y en verdad que el poquito aquel los pone buenos.

El «poquito» del Corazón de Jesús

Ese *poquito* dicho dos veces por Jesús, ¡pone tan al descubierto su Corazón!, ¡me lo hace sentir tan cerca de mí y tan humano!

Sí, esa palabra me hace saber que Él conoce lo contenta, lo ágil para el bien y lo fuerte para perseverar que mi alma se siente *cuando lo ve y lo oye,* como también conoce lo triste, descaecida e inconstante que se pone cuando Él se oculta... ¡Y conforta tanto al alma estar cierta de que Él ya ha previsto las lágrimas, las luchas, las persecuciones que nos cuesta esperar su venida!

«Vosotros lloraréis y os contristaréis y el mundo se gozará, pero...» y aquí viene la otra enseñanza que me hace saber aquella palabra, «pero confiad, esto no será más que por un *poquito* de tiempo, vuestras lágrimas y tristezas se trocarán en gozo que nadie os podrá quitar... porque voy a mi Padre y vosotros vendréis conmigo...».

¿Veis ahora la semejanza entre el *poquito* de las medicinas amargas de las madres y el *poquito* de la amarga separación del Corazón de Jesús? Pudo dar remedios de Dios, de Rey, de Señor, pero prefirió darlos de *madre...*

–Hijo mío, un poquito, no más, dicen aquellas, y te pondrás bueno; hijos míos, dice el Corazón de Jesús, un *poquito* no más, de cruz sin verme a Mí, un *poquito* de llorar, de gemir, de andar fatigosos, y de ser probados en la tierra y después una eternidad de dicha a mi lado en el cielo...

Y dice el Evangelio que los apóstoles no entendieron entonces lo que el Maestro quería decirles con aquellos dos *poquitos* de que les hablaba y fue preciso que Él bondadosamente se los explicara.

Hermanos míos y hermanas mías, que vais regando vuestro camino con las lágrimas de vuestros ojos y quizás con la sangre de vuestro corazón, recibid mi consejo; si las lágrimas han enturbiado vuestros ojos y el constante penar ha puesto desfallecimientos en vuestra esperanza, acercaos al Sagrario, poneos muy cerquita, que muy quedo, muy quedo, vais a oír de nuevo, de labios del Maestro que allí vive, la palabra reanimadora: *Hijo, un poquito no más y... me verás...*

Ángeles del Sagrario, confidentes perpetuos de las intimidades del Corazón de Jesús; llevad muchos, muchos corazones atribulados y acobardados allí, y haced que *oigan y comprendan* el *poquito* de sus penas, de sus luchas, de sus tentaciones, de sus persecuciones, de su valle de lágrimas, y el eternamente consolador: «Voy a mi Padre y vosotros vendréis conmigo...».

8. NO TEMÁIS

Mt 14,27

Aquí tienes, María del Sagrario, una palabra muy del Maestro. En esos términos o en otros parecidos está repetida varias veces en su Evangelio. Y ahí tienes también una palabra muy del Sagrario.

Tan del Maestro y tan del Sagrario que sinceramente te digo que la considero como *patrimonio exclusivo* del Corazón de Jesús.

Es decir, que *sólo Él* puede decirla con toda verdad y con inalterable seguridad.

Entra en esa consideración que ahí te inicio y verás qué placer tan puro y tan estable llena tu corazón.

Fíjate en esta afirmación *rigurosamente* exacta: El Corazón de Jesús me manda que no tema, y es el único que me lo puede mandar.

No temas

Precisamente es esta palabra la que más necesita nuestra debilidad. Lo que nos rodea, lo que nos acontece, lo que sufrimos, lo que gozamos, lo grande y lo pequeño, lo conocido y lo desconocido, la amistad y el odio,… todo a nuestro alrededor nos dice a su manera *¡teme!*

Sí, ¡teme! dice el odio, teme mis hipocresías, mis venganzas, mis rencores; ¡teme! dice el amor, teme mis inconstancias y mis peligros de desorden. ¡Teme! dice el misterio, teme las tenebrosidades de mis arcanos y las terribles atracciones de lo desconocido; ¡teme! dice lo conocido, teme la pesadez de mi prosaica existencia y los defectos de mi limitación de fuerzas. ¡Teme! dicen las lágrimas del dolor y las sonrisas del placer, que las últimas sonrisas se mezclan casi siempre con las primeras lágrimas… ¡Témeme! dice hasta nuestro propio corazón, que es a las veces el más temible de nuestros enemigos. Sí, parece que ese *teme* que resuena constantemente en nuestro oído es el eco que en todas las criaturas sigue encontrando la voz airada del Criador maldiciendo el abuso que de todas ellas hace el hombre con sus pecados.

Dígase lo que se quiera por los espíritus fuertes, en el fondo del corazón de todo hombre hay miedo, como en el fondo o en la apariencia de cuanto nos rodea hay una amenaza.

¡A qué reflexiones tan distantes del objeto de estos ratos de conversación ante el Sagrario nos llevaría el acercarnos a ese fondo de miedo, con sus causas, sus efectos y sus manifestaciones!

¿Ves ahora

el alcance que tiene ese *No temas* dicho por quien no sabe, ni quiere ni puede engañar?

¡Bendita sea la hora en que por vez primera se abrieron los labios del Hombre–Dios para dejar caer sobre el corazón atemorizado y encogido de los hombres este dulce y soberanamente aliviador mandamiento: *No temáis!…*

¡Benditas todas las horas del día y de la noche de todos los pueblos del mundo en que hay Sagrarios, porque desde ellos y en todas las horas se está repitiendo el mismo mandamiento: *No temáis!*

Sí, sí, puedes hacer comparecer ante ti todo el ejército de cosas que te hacían temblar, a las enfermedades del cuerpo, las aflicciones del alma, los odios y las desafecciones, las pobrezas y la calumnia, los desvaríos del amor, los engreimientos de la riqueza y del poder, las opresiones de los grandes y las roeduras de los pequeños, al cielo con sus rayos y sus tormentas, al mar con sus abismos y sus tempestades, a todo, a todo y decirles con la serenidad del vencedor: alborotad cuanto queráis, pero sabed que ya no os temo; sé que podéis herirme hasta derramar sangre, acortar mi vida a fuerza de sufrimientos, endurecer y reducir mi pan, sembrar de espinas los caminos de mi vida, hasta poner en conmoción mis nervios y en angustias de agonía mi corazón… pero yo os lo repito; quiero obedecer a quien me ha dicho y me dice: no temas. ¡No quiero temer!

Porque sé

que vosotros, agentes perturbadores míos, queráis o no queráis, no podéis dejar de ser súbditos de Él, mensajeros suyos, y que por consiguiente si a mí me manda no temeros, a vosotros os mandará, os impondrá a la fuerza, si es preciso, que no me hagáis más ni menos que lo que Él quiera y vea que me conviene; y así, sabedlo, espinas que me punzáis, que, por muy largas y agudas que seáis, no taladraréis mi piel y mi carne ni una línea más de lo que Él os mande y a mí me convenga.

* * *

¿Entiendes ahora,
a la luz de esta doctrina, las alegrías de los mártires en medio de sus tormentos, los júbilos de los santos en medio de sus aflicciones y calumnias, la paz inalterable de las almas justas a pesar de todas las contradicciones que el mundo, el demonio y la carne les suscitan?

Lee toda la Escritura santa y siempre verás predicada la misma serenidad ante el dolor. Siempre encontrarás al justo que, al ver levantarse contra él guerras y campamentos, miles de enemigos a la derecha y a la izquierda, dice a todos ellos con la serenidad del que cuenta con el triunfo: «El Señor es la luz mía y la salud mía ¿a quién temeré?» (*Sal* 26,1).

¿Te enteras
alma recelosa, tímida, acobardada ante el ruido y las amenazas de tus enemigos exteriores e interiores, te enteras bien de lo que hay que responder?...

¿Te enteras de cuál es tu puesto en esa batalla diaria, a veces contra menudos enemigos, a veces contra enemigos terribles, pero constantes?

¡El Sagrario! Ve por las mañanas a ponerte muy cerquita del Señor *luz tuya y salud tuya,* ve con la frecuencia que puedas en las otras horas del día y con el oído atento al «No temas» que te dicen desde allá dentro y con la vista fija en tus enemigos en ademán de reto, diles: ¿a quién temeré?

Y está segura de que *mientras cuentes con Él y con Él estés en comunicación de amistad*, nada ni nadie te hará temer.

Pero óyelo

y no lo olvides; si rompes tu amistad con el Señor del Sagrario y empiezas a buscar la luz tuya y la salud tuya en otros sitios o en otros señores, entonces, ¡pobre de ti!: el temor y el temblor vendrán sobre ti y te envolverán tinieblas (cf. *Job* 15,23-24). Porque fuera del Sagrario ¿quién tiene poder para imponerse a tanto enemigo tuyo, y quién te tiene tanto cariño que ponga ese poder a tu servicio?

Porque cuenta que en el mundo no se oyó la palabra *temí*, hasta que no se ejecutó esta otra: *pequé*.

Y el mismo Espíritu que dictó aquellas palabras: «La luz nació para el justo y la alegría para los rectos de corazón» (*Sal* 97,11) inspiró estas otras: «No hay paz para los impíos...» (*Is* 57,21).

Corazón de mi Jesús Sacramentado, lugar de mi refugio, nido de mi paz y puerto de mi salvación, consérvame tan limpio y tan cerquita de Ti, que siempre esté en disposición de no temer a nada ni a nadie, que jamás olvide que el Sagrario es el único lugar de la tierra en que no se conoce ni se siente el miedo...

9. NO TEMÁIS, SOY YO

Mc 6,50

Vuelvo a vosotras, almas doloridas, a daros nuevos alientos, a traeros nuevos aires del Sagrario.

¡Es tan humano el miedo!

¡Nos visita con tanta frecuencia el dolor y nos acostumbramos tan poco a su visita!

Pudiera decirse que nuestro corazón anda siempre entre el dolor del mal que se va y el miedo del mal que viene.

Es el Evangelio, el feliz descubridor de los secretos del Corazón de Jesús, el que va a darte, pobre corazoncillo obligado a andar ese triste camino, una nueva lección de valor, digo más, de alegría en el padecer.

El porqué de nuestros miedos

¿Sabes a qué atribuye el Evangelio muchos de tus miedos y de tus angustias?

A tu *falta de vista* y *de oído.*

No te extrañes de esta aparente incoherencia entre los males del corazón y los de la vista y oído.

Créeme. El sufrir es irremediable, somos hijos del pecado y el dolor es su necesario e imprescindible redentor; pero el turbarse en el sufrir, el vivir muriendo por el miedo a sufrir, el sentirse desgraciado porque se sufre, en una palabra, el tenerse por esclavo del dolor y no como su señor, eso es y debe ser remediable para un cristiano.

El remedio del miedo

¿Cómo? Como te decía antes, abriendo los ojos y los oídos para ver y oír.

¿A quién? Hojea el Evangelio y verás qué escena de grandes sufrimientos *por no querer ver ni oír* a Jesucristo.

Era la noche que había seguido al gran día de la multiplicación de los panes y de los peces; el Maestro se había quedado solo en la tierra buscando su descanso en la oración; sus discípulos dedicaron la noche a la pesca; sabían muy bien que las multiplicaciones milagrosas de Aquel no les eximían de trabajar, y trabajar rudamente como en aquella ocasión en que el viento les era contrario; por la madrugada, a eso de las tres, Jesús andando sobre las aguas, se llega hasta ellos quedándose fuera de la barca.

Sus discípulos se alarman, se asustan y gritan tomándolo por un fantasma.

El buen Maestro sobre las aguas, les habla y les dice:

–Confiad, soy yo, no temed.

A pesar de esas palabras tan reanimantes y tan características de Él, siguen encogidos por el miedo y no se atreven a responderle.

Jesús lleva más adelante su condescendencia. Entra en la barca y manda enmudecer al viento, que obedece.

El estupor de los discípulos sube de punto.

Y así callados y encogidos ellos por el miedo y pesaroso Él de la desconfianza de los suyos, pasaron la madrugada en el mar hasta llegar al ser de día a las orillas de Genesaret, en donde desembarcaron.

Y entonces, dice el santo Evangelio, *lo conocieron...*

Estudiad esa escena y veréis en ella retratadas muchas escenas de nuestra vida.

En aquella había una contrariedad verdadera, real, la del viento tempestuoso que dificultaba la pesca y ponía en peligro las vidas de los pescadores.

Y de esa contrariedad ni se quejan ni se preocupan.

El miedo al fantasma

En cambio lo que les preocupa y acobarda y pone fuera de sí hasta dar gritos, es *el fantasma* y la voz del *fantasma* y *el poder* del *fantasma*, que anda por las aguas sin sumergirse y que serena los vientos...

¡Pobre limitación humana!

¡Pobre fe que tan pronto olvidas o que tan poco penetras!

Unas horas no más, hacía que habías visto a Jesús hacer el milagro de multiplicar panes y peces, mucho tiempo que lo venías oyendo y sabías además que quería tanto a sus discípulos que su Corazón no le dejaba pasar una noche entera sin tenerlos a su lado, debías ya conocer sus trazas de acudir al auxilio de los suyos hasta con milagros cuando era menester y... ¡te pones a gritar delante de Él, y a taparte la cara con las manos para defenderte del *fantasma!*

¿Cómo explicar ese misterio, o, mejor, esa aberración?

El Evangelista apunta con pena que el corazón de aquellos hombres estaba *obcecado.*

* * *

Corazón que te extrañas y hasta te indignas ante esa cerrazón de vista y oído de los discípulos acobardados, espera, detén tu extrañeza y tu indignación y aplícalas a ti mismo.

El miedo a Jesús

¡Se te ha presentado tantas veces en medio de la noche de tus dolores y padeceres el Médico divino para curártelos y lo has tomado como fantasma, obstinándote en no dejarlo ejercer su caritativo oficio!...

¡Te ha dicho tantas veces el *Confía, soy Yo...* queriendo serenar las tempestades de tu espíritu y tú le has respondido con gritos de protestas y de miedo!...

¿No has hecho eso cuando te ha visitado en forma de dolor o de contrariedad?

¿Y no te parece que es tener a Jesucristo por un fantasma, creerlo tan cerquita de nosotros en el Sagrario y dejarnos devorar y consumir por nuestras penillas, como si estas fueran más fuertes y poderosas que Él?

¿No te parece obcecación funestísima del corazón saber que con sólo aplicar un poquito el oído al Sagrario y quedarse allí en *paz y silencio* un ratito se oye el «Confía, soy

Yo, no temas» y dejarse envolver y ahogar por las olas de la tribulación?

* * *

Almas obligadas a surcar los mares del dolor, no imitéis a los discípulos que necesitan la luz del día para conocer al Maestro, imitad a los que, buscándolo con *humildad, limpieza y paz del corazón* en el Sagrario, acaban por *verlo y oírlo* de *día* y de *noche,* y en todas partes...

Madre Inmaculada, ten mis ojos y mis oídos abiertos para que cuando tu Jesús me visite, sea con vestiduras moradas de Pasión, sea con vestiduras blancas de Transfiguración, mi alma lo vea, lo oiga y se dé *cuenta de que es Él...*

10. Y VOSOTROS, ¿QUIÉN DECÍS QUE SOY YO?

Mt 16,15

Él

Y vosotros, ¿quién decís que soy Yo? Hace veinte siglos que tus labios, Maestro santo, se abrieron para dar paso a esa pregunta y durante esos veinte siglos no ha alumbrado el sol ningún día en que no hayas repetido tu pregunta.

¿Quién decís que soy? sacerdotes que servís a mi altar, cristianos los que me coméis en Comunión, y los que nunca pasáis por delante de mis Sagrarios... ¿quién soy?, ¿quién soy?

* * *

Y ¿por qué tanto preguntar lo mismo, Señor?

Y ¿por qué precisamente a los que mejor deben saberlo?

¿No te vienen respondiendo los hombres llamándote *Padre nuestro, Cristo Hijo de Dios vivo, Salvador del mundo, Maestro de toda verdad, Corazón santo, Dios con nosotros, Santísimo Sacramento, Buena Gracia o Eucaristía?...*

¿No te responden cada día los coros de las catedrales y de los monasterios y las bocas de tus sacerdotes y vírgenes con las alabanzas y confesiones de sus Misas y de sus Oficios?

¿Por qué a pesar de esas respuestas sigues preguntando?

¡Ah!, no me lo digas, que ya mi corazón lo adivina y lo siente.

Es nuestro comportamiento contigo la causa de tu insistencia.

Es la discrepancia, que diría infinita, entre la respuesta de nuestros labios y la de nuestras obras la que te hace, ¡qué vergüenza para nosotros!, *no creernos, ni fiarte* de nuestra palabra.

Porque si te decimos Padre, ¿por qué no quererte como hijos? Si te decimos Hijo de Dios vivo, ¿por qué no adorarte sobre todo y por qué tratarte como muerto? Si te proclamamos Salvador y Maestro del mundo, ¿por qué buscar nuestro bien y nuestra verdad fuera de Ti? Si Corazón Santo, ¿por qué no te rendimos el nuestro pecador? Si Dios con nosotros y Eucaristía, ¿por qué abandonamos el Sagrario y dejamos a Dios con las telarañas y los ratones?

¡Qué razón tienes, Señor, para no dejar de preguntar: ¿pero, por fin, quién decís que soy Yo?!

* * *

Nosotros

El Evangelio dice que *la primera vez* que se hizo esta pregunta fue respondida con gallarda y bellísima confesión: *Tú eres Cristo Hijo de Dios vivo* (*Mt* 16,16), pero que la *segunda vez* que se volvió a hacer obtuvo esta otra tan triste como injusta y falsa: *No conozco a ese hombre* (*Mt* 26,72).

Y cuenta que fueron *los mismos labios* los que dieron las dos respuestas.

Y ese *No conozco a ese hombre* ¡ha tenido tanto eco!, ¡se ha dicho y se dice tantas veces por los *cristianos de boca y paganos de obras y de corazón!*

¡Son tantos los discípulos en los que no se conoce nada del Maestro y que dan muestras de no conocerlo!

De verdad, Jesús querido, que tienes motivos para seguir, como en el Evangelio, *no fiándote de nosotros* (*Jn* 2,24) y que todavía tiene que seguir siendo cierta, en una proporción que asombra, la queja de tu Evangelio: *«Y es que tampoco sus hermanos creían en Él»* (*Jn* 7,5).

¡Ni aún tus discípulos creen en Ti!

¡Dios mío, Dios mío! ¿que a los veinte siglos de Sagrario *no se te conozca ni se te crea?*

¡Marías, Discípulos de San Juan!, os duele, os azota la cara y el alma esa queja, ¿verdad? ¿Verdad también que es menester suavizarla, desagraviarla y si pudierais, quitarle sus motivos? ¿Vamos?

Corazón de Jesús Sacramentado

¡Qué alegría para el que escribe estos renglones poderte obsequiar con este mensaje!:

Muchos miles de Marías y Discípulos de San Juan de España y muchos miles aún no contados de América y del mundo están respondiendo más que con sus bocas, con sus obras y sus sacrificios a la pregunta que desde tus Sagrarios abandonados les haces, «¿quién soy Yo?», con la gallarda y bellísima de Simón: «Tú eres Cristo Hijo de Dios vivo».

¡Siempre!

Para que al menos de ellas y de ellos ¡te puedas fiar!

11. ¿PODÉIS?

Mt 20,22

Lo que Él ve

Desde el Sagrario de mis abandonos veo pasar todos los días junto a mis iglesias a tantos y tantos hijos... No me miran, pero Yo sí los miro y los sigo con mi mirada a todas partes, por si alguna vez se les ocurre mirar, que se encuentren con mi mirada...

¡Pobrecillos! Veo en sus caras retratada la fatiga de un peso grande, largo, abrumador; aun en las caras de los que pasan riendo adivino la misma fatiga.

¡Claro! ¡les pesa tanto la cruz!

La enfermedad incurable, la escasez de recursos, el agobio de las deudas, los padecimientos de los seres queridos, las torturas de la maledicencia y de la calumnia, las comezones de la ambición, las fiebres de las pasiones, los remordimientos de los pecados, los mil contratiempos de la vida humana... ¡Pobrecillos! ¡cuánto peso sobre hombros tan débiles!

Lo que nosotros veríamos

Y me digo cuando los veo pasar tan agobiados: ¡Si me miraran! Si me miraran, ¡qué bien nos entenderíamos!

Yo recogería la angustia de sus miradas como una oración y a la oración por mi conducto el Padre celestial se ha comprometido a decir siempre que sí, y ellos ¡qué bien pagados quedarían con lo que mi mirada les daría!

¡Cuidado! Yo no les quitaría siempre la cruz que llevan.

¡Hace tanta falta la cruz a esa carne pecadora y a ese espíritu soberbio para ganar el reino mío, que es reino de purificados y humildes!

Pero sin quitarles la cruz, ¡cómo se la haría llevadera, alegre, fecunda y santificadora!

¡Ah!, ¡si mis hijos los fatigados, los abrumados, se decidieran a volver sus ojos hacia mi Sagrario cada mañana al tomar de nuevo sobre sus hombros la carga del día!

¡Cómo cobrarían alientos al oír sin ruidos de palabras, pero con acento que les llegaría al alma, mi pregunta del Evangelio: *¿Podéis?...*

Y ¡cómo fortalecidos con mi mirada y mi palabra, me responderían cada mañana: Podemos!...

Y ¡vaya si podrían!

Mirarlo a Él y que Él nos mire

Marías, Discípulos. ¿No os gustaría esa ocupación? ¡Buscar quién me mire! ¡Buscarme cada día ojos de afligidos que se consuelen y me consolaran mirándome!

¡Qué! ¿No es muy de vuestro oficio de acompañantes míos procurarme a Mí miradas de angustiados y a estos miradas de consolador?

Marías, Discípulos, por compasión a ellos y a Mí traed por las mañanas muchos afligidos al Sagrario a quien pueda Yo preguntar:

Y hoy, ¿podéis...?

12. Y LOS OTROS NUEVE ¿EN DÓNDE ESTÁN?

Lc 17,17

Conoces esa pregunta, ¿verdad? Es la que arrancó a mi Corazón la vuelta de un solo leproso de los *diez* que milagrosamente curé.

Si te has detenido en saborear esas palabras, habrás conocido que no es una pregunta de curiosidad, que no tuve jamás ni pude tener, ni de ignorancia, que a mis ojos está todo patente, y que más que una pregunta es una queja. Y ¡qué de adentro me salió! Tan de adentro como la compasión que me impulsó a limpiarlos de su horrible mal.

Lo que es un milagro de Jesús

¿Tú sabes lo que son y cómo son mis milagros? ¡Los míos! ¡Los del Testamento nuevo!

Los hombres los suelen mirar como espléndidas ostentaciones de mi poder; y eso principalmente eran mis milagros del Testamento antiguo. Pero ahora que Dios se ha hecho hombre para hacer a los hombres Dios, un milagro mío no es sólo poder, y ya lo necesita infinito, es también amor, y si en mis atributos cupieran el más y el menos, te diría que es más amor que poder. Un milagro mío más que explosión de volcán que arrasa, quema y asola, es estallido de beso, que abrasa y no quema; más que torrente de fuerza devastadora, es gota de lágrima que borra, ablanda y limpia; más que fulgor de rayo que deslumbra y ciega, es mirada que rinde y enloquece...

Para tu lenguaje, te diré que, cuando Yo hago un milagro, no se me queda cansada *la mano*, aunque haya tenido que dar con ella de comer pan milagroso a miles de hambrientos, sino *¡el Corazón!* ¡Ese, ese es el que hace mis milagros! Ese es el que, si pudiera cansarse, se quedaría cansado después de cada milagro.

La amargura del milagro no agradecido

Y ahora comprenderás mejor la amargura de aquella mi pregunta y queja de los nueve curados que no volvieron.

No volver a darme las gracias y estarse conmigo, era dejarme, como me cantaba el Poeta, con

el pecho del amor
muy lastimado[2].

Como se les quedará a las madres que no pueden mirar ni besar a sus hijos, ni derramar sobre ellos una lágrima porque no vienen a verlas...

Y ya te he dicho que mis milagros son esos: miradas, besos, lágrimas de infinito Amador...

Mal está y me hiere mucho el que me dejen solo los hombres del mundo que apenas me conocen: ¡me deben tanto todos!

Pero ¿pasar también porque me vuelvan las espaldas hasta los mismos que acaban de recibir ¡un milagro mío!?

---

2 San Juan de la Cruz, poema «El Pastorcico».

¿Qué corazón es ese que estiláis los hombres conmigo?

* * *

Marías, Discípulos, cada Comunión que se da y cada minuto que pasa de presencia real mía en cada Sagrario son otros tantos milagros míos y ¡de los más grandes!

¿Podréis contar su número?

¡Imposible!

¡Qué pena! Tan imposible es también contar el número de espaldas que ¡cada minuto se me vuelven!

Ya no puedo preguntar como en el Evangelio: ¿y los otros nueve?

¡Ya no son nueve los que faltan! ¡Son incontables!

Y al llegar aquí déjame que te diga una palabra de agradecimiento a ti, María, que me visitas en donde nadie me visita; que gracias a ti puedo permitirme seguir en muchos Sagrarios exhalando mi queja del Evangelio.

Cuando tú vas tengo a quien preguntar: *¿Y los otros en dónde están?*

Y a esa pregunta que sin ruido de palabras te hago, tú me respondes con los desagravios de tu amor reparador y, sin que me lo digas con la boca, oigo que me dices con tus lágrimas:

¡Aquí estoy yo por ellos!...

13. SI OS DIGO LA VERDAD...

Jn 8,46

Solos aquí en el Sagrario Yo, tu Jesús, y tú, mi María, y en la intimidad de estas mis confidencias quiero depositar una queja que mi Corazón tiene con no pocos de los que me sirven y andan conmigo.

El Evangelio poco tenido en cuenta

¡Hacen tan poco caso de mi Evangelio!

Lo leen, es verdad; lo creen, algunos hasta lo meditan, pero... te repito, ¡hacen tan poco caso de lo que leen, creen y meditan!

Unas veces salen con que aquello que digo o hago allí es sólo para que se lo apliquen los pecadores empedernidos o las almas de elección, otras con que aquello es bueno y hacedero de vía *extraordinaria* pero no *ordinaria*, ora que aquellos hombres y aquellos tiempos eran otros hombres y otros tiempos, ora me ponen tan lejos en tiempo y en distancia, que lo cierto es que, porque unos no se tienen por tan malos o tan buenos, porque otros no se crean llamados a vías extraordinarias y porque casi ninguno vive persuadido de que *sigo viviendo* y *siendo* el *mismo* en el Sagrario, mi Evangelio no acaba de entrar en la vida y en la piedad de muchos hijos míos.

¿Te extraña esta mi queja? ¿No habías parado mientes en esa *falta de Evangelio,* no ya de los impíos, como es natural, ni aun de los cristianos indiferentes, sino de las almas piadosas?

Pues tan justa es mi queja como cierto el motivo que la produce.

Lo conocido que debiera ser

Después de la *claridad* con que hablé en mi Evangelio, de la *paciencia* con que respondía una y muchas veces a las dudas de buena fe de mis discípulos y hasta a las de mala fe de mis enemigos, de la *publicidad* que di a mi vida y a mis milagros y a mis predicaciones... después de haber enviado al Espíritu Santo, para que *enterara* del todo a los que me habían oído... después de constituir mi Iglesia infalible e indefectible para que estuviera repitiendo siglos tras siglos mi palabra al mundo, después de haber creado obispos y sacerdotes sin número que fueran Evangelios con pies, después de haberme quedado Yo mismo en el Sagrario de cada templo de la tierra todos los días y todas las noches para seguir *haciendo* y *diciendo* mi Evangelio de modo tan maravilloso como verdadero, después de tanto anunciar mi Evangelio, todavía me encuentro con que los hombres del mundo, ¿qué digo del mundo? ¡de mi casa y de mi fe!, siguen teniendo paralíticos del cuerpo y del alma incurables sin traérmelos al Sagrario para que se los cure; deseando mandar para ser servidos y no servir ellos como Yo mandé y mando; empeñados en hacerse grandes despreciando el hacerse niños, como Yo me hice y me sigo haciendo en mi vida de Eucaristía o de Dios abreviado...

¡Me da una pena el ver agitarse en torno mío a los que amo, unas veces andando a tientas como si estuvieran a oscuras, otras retorciéndose de dolor como si sus males no tuvieran cura y muchas y muchas veces mendigando en puerta ajena lo que con sólo abrir la boca tendrían a raudales en la casa propia!

¡Mendigos de luz, de medicina, de consuelo, de cariño, de solución con mi Evangelio a un lado y mi Sagrario al frente!

¿Verdad que eso no debía ser?

¿Verdad que es justa, justísima mi queja del Evangelio? Si os digo la verdad ¿por qué no me creéis?

¿Verdad que puedo seguir repitiendo delante de esos cristianos no *enterados* del Evangelio ni *conformados* con él: si mi Evangelio es la verdad de ayer y de hoy y de siempre y de todos los hombres, ¿por qué no lo creéis?, y si lo creéis, *¿por qué no os acabáis de enterar de lo que* DICE *mi Evangelio?* ¿Por qué no os acabáis de fiar de él?

14. REBAÑITO...

Lc 12,32

Ahí tienes, María, que vienes a echar conmigo este rato de Sagrario, una palabra en la que jamás tal vez has parado mientes y que es *palabra iluminadora.*

¡Esclarece tantos misterios y responde tan satisfactoriamente a tantas preguntas al parecer incontestables!

Los pocos amigos de Jesús

¡Cuántas veces al pasar conmigo un rato de adoración y compañía en mis Sagrarios abandonados o al encontrarte en medio de reuniones o en lugares en que ni se me nombra ni se me tiene en cuenta para nada, has exclamado entre abatida y desorientada: ¡qué pocos somos, Señor, qué pocos somos los tuyos!

¿Verdad que choca contra tu razón y contra la lógica y contra el orden y aparentemente hasta contra la fe, el que estén en minoría y a las veces bien insignificante, los de verdad servidores míos?

Si soy la Verdad por esencia y el Bien sumo y sin Mí no tienen los hombres más que tinieblas y vicios, si soy el único Salvador y el Redentor verdadero y el Iluminador indeficiente y el invencible sostén de todos los débiles y el invicto Vencedor de todas las tiranías y explotaciones inicuas, si soy el Jesús de los Profetas, del Evangelio y de la Historia, si Yo soy Yo, ¿no es de verdad chocante e inexplicable hasta el misterio que sean tan pocos los hombres que me conocen, y menos, mucho menos aún, los que me aman y sirven?

¡Y qué pocos!

Andan mis teólogos y mis ascetas inquietos preguntando y discutiendo si son más los hombres que se salvan que los que se condenan; y es de ver cómo van respondiéndose guiados hartas veces más de lo que les piden los optimismos y pesimismos de sus sentimientos, que de los dictados de la razón serena. Dejando aparte esa cuestión que aparecerá patentemente resuelta el gran día del Juicio universal, puedes estar cierta, sin miedo a que te desmientan, que en la presente vida son muchos más los que me ofenden que los que me aman y que estos con respecto a aquellos están en tristísima minoría. María, es decir, corazón tierno y alma delicada para mi Corazón, puedes calcular toda la pena y hasta la vergüenza que me cuesta oírte y repetir contigo: ¡qué pocos, qué pocos son los míos!

Mira a tu pueblo, el de tu Sagrario. ¿Cuántos comulgan? ¿Cuántos oyen Misa? ¿Ninguno?, ¿muy pocos? Pues sin miedo a faltar a la caridad, puedes decir mirando a tu pueblo: *¡Señor, aquí no tienes* A NADIE! o ¡a CASI NADIE!

Extiende tu vista por los pueblos de otras Marías, tus hermanas, y de cuántos tendrás que decir lo mismo que del tuyo: ¡Nadie!, ¡casi nadie! Ve a la ciudad, a la ciudad llena de pueblo, recorre sus calles céntricas y sus barrios extremos, pasa por la puerta de sus teatros, cafés, cines, tabernas, círculos..., entra después en sus templos, compara el número de los que están en estos con el de los que no están e irresistiblemente subirá de tu corazón a tu boca el grito: Señor, ¡qué pocos, qué pocos! Y por no afligirte más no te digo que vayas a las casas de los periódicos malos y de los periódicos buenos, y a las casas de las familias paganas y de las familias cristianas, y a las oficinas y talleres en donde se trabaja y se maldice o se me alaba trabajando en paz... y pidas y compares números de suscriptores, familias, obreros míos y contra Mí...

¿Por qué tan pocos?

¡Qué desolación! ¡Qué misterio de aberración humana y de paciencia divina! ¿Verdad?

Quizás una fe débil y superficial reciba escándalos y padezca desmayos de esa derrota aparente mía, pero tu fe, que como de María debe ser ilustrada y honda, debe tomar de esas mis derrotas estímulos y alientos, orientaciones y actividades.

Sí, María de mi Corazón, dilo sin miedo aunque con pena: son muy pocos los que me sirven, como también son pocos en el mundo los puros de corazón, los abnegados del alma, los rectos de intención, los humildes, los misericordiosos, los agradecidos, los leales, los verdaderos sabios, los héroes, los mártires... El día en que estos llegaran a ser muchos y Yo siguiera con *pocos*, ese día sí que era el de mi derrota verdadera; pero no temas, ¿cuándo va a llegar ese día?

Sabe para tu gobierno y para tu paz que ya previne en mi Evangelio que los míos serían pocos, por mucho que se dilatara mi Iglesia y aun cuando llegara hasta los confines del mundo, y que a esa pequeñez por su número y a esa grandeza por su humildad, su mansedumbre, su pureza, su caridad y su abnegación, había puesto su complacencia el Padre mío en dar el Reino, el de la tierra y el del cielo, el de la tierra que tendrían siempre debajo de sus pies y el del cielo porque dentro de su gozo vivirían eternamente...

María

¿Entiendes ahora por qué quise llamar a la familia de los míos de todos los tiempos con el tan humilde como dulce nombre de *Rebañito?* ¿Ves toda la luz que sobre tus miedos y tus esperanzas, sobre tus trabajos de hoy y tus frutos de mañana, sobre la pequeñez de nuestro número y de nuestra fuerza y el desprecio con que miran nuestra pequeñez los de fuera derrama esa *palabra iluminadora?* Déjame, pues, que te repita una vez más mi palabra del Evangelio.

«No temas, *Rebañito,* que vuestro Padre se ha complacido en daros el Reino...».

15. TANTO TIEMPO CON VOSOTROS Y ¿NO ME HABÉIS CONOCIDO?

Jn 14,9

Que yo te vea y te conozca

Corazón de mi Jesús Sacramentado, ¡un rato en tu compañía! ¿Me lo concedes?

Mi alma tiene ansias de hablarte; está cansada de hablar con el mundo y no es oída o no es entendida. Déjame descansar hablando contigo. Tú siempre oyes y siempre entiendes, ¡qué alegría!

Después de mi Comunión de esta mañana, delante de tu Sagrario he abierto tu Evangelio para completar el placer de mi Comunión oyéndote hablar.

¡Se te oye tan bien leyendo el Evangelio! No basta verte.

Y abrí al acaso y lo que mis ojos leyeron despertó en mi alma una gran pena y una gana grande de hacerte esta pregunta: ¿Por qué fuiste tan poco conocido de tus amigos a tu paso por la tierra? ¿No viniste Tú como *Luz y Luz* verdadera a iluminar a todo hombre? ¿Cómo no se te veía lucir y brillar? ¿Cómo los ojos de aquellos hombres no se deslumbraban con el resplandor de la luz que brotaba de tu palabra, de tus obras, de tus miradas, de tus gestos?... Así era muchas veces; pero a pesar de esto, leo en el Evangelio ceguedades y sorderas e ignorancias que contristan y confunden.

En esa página que he leído hoy, ese contraste o paradoja salta a la vista y hiere el corazón.

En una misma hoja encuentro hombres que, por estar lejos, *no te conocían* y ansiaban conocerte, y hombres que, por estar cerca, *debían* conocerte y no te entendían.

Los que te ven y no te conocen

En esa página de san Lucas te veo camino de Jericó y Jerusalén llamar aparte a tus apóstoles y, en el seno de la confianza que con ellos tenías, contarles intimidades y confidencias volcando sobre sus corazones las esperanzas y los temores del tuyo, y, cuando enternecida mi alma ante esas dulces expansiones, más que de Señor y de Redentor, de amigo, espera las caldeadas respuestas y las justas correspondencias de la amistad buscada, tropieza con el frío y desolador comentario del Evangelista que dice: «pero ellos *no comprendieron nada* de esto; este lenguaje les era desconocido y no sabían lo que les había dicho» (*Lc* 18,34).

¡Tus amigos, Señor, no te entendían! ¡Los que vivían contigo, los más cercanos a Ti no comprendían lo que expresamente para ellos decía más que tu boca tu Corazón!, y te arrancaban quejas tan tristes como aquellas de tu última noche de vida mortal: «¿Tanto tiempo con vosotros y aún no me conocéis?» (*Jn* 14,9).

Los que te conocen apenas te ven

En cambio, el cieguecito del camino de Jericó y el publicano Zaqueo, que no te conocían, porque *nunca* te habían visto, te piden, el uno con su palabra de súplica repetida y el otro con su ardid de subirse al sicomoro, verte y conocerte (cf. *Lc* 18,35-43; 19,1-5).

–¡Señor, que yo te vea!– te suplican uno y otro a su manera. Y Tú, haciendo un milagro de misericordia en los ojos del cuerpo del uno y en los del alma del otro, les das vista y te ven y te confiesan con la alabanza de su boca y con el homenaje de sus obras.

Y ¿por qué, Señor, estos que vienen de lejos te conocen tan pronto y tan bien, la primera vez que te miran? Tu mismo Evangelio me da la respuesta.

Uno y otro tuvieron la feliz *ciencia de su ignorancia.* Uno por ser *ciego* y otro por ser *chico*, sabían que *sin Ti no podían* verte. Ambos te *pidieron vista* con la oración perseverante de su humildad, y Tú, obsequioso siempre con los pequeños y humildes, les diste más vista de la que pedían. ¿No está en este conocimiento y en esta confesión de la propia miseria y en este pedirte *limosna* de luz el secreto de estos dos *milagros de vista?*

Y digo ahora: ¿Hubieran encontrado tus confidencias aquella cerrazón de inteligencia de tus amigos, si estos hubiesen imitado al ciego y a Zaqueo?

El secreto de Jesús

¡Lo que ellos hubieran aprovechado, si, en vez de responder a tus intimidades con encogimientos de hombros y frialdades de cara de quien no se entera, hubiesen contestado con la sencilla y humilde súplica del ciego de Jericó: Señor, *que veamos*, que somos muy chicos de corazón y de cabeza para entender eso que nos dices!

Mas, ¿para qué tengo que entretenerme en enmendar yerros u omisiones de tus amigos, si tengo yo tantos de que corregirme?

¡Cuántas, cuántas veces he pasado yo con la misma cara fría y el mismo espíritu indiferente delante de Ti y de tus mensajeros que me hablaban de cosas en las que Tú tenías mucho interés y mi alma hubiera tenido grande provecho!

¡Cuántas, cuántas veces he desperdiciado palabras tuyas, gracias tuyas, intimidades tuyas, por no reconocer lo grosero, lo torpe o lo impuro de mi vista y de mi oído y no ponerme a pedirte con la humilde insistencia de un mendigo: «Señor, que yo te vea, que yo te oiga»!

¡Cómo conozco ahora que de ahí provienen esa superficialidad que padece mi piedad y ese no sacar de mis ratos ante tu Sagrario o ante tu Evangelio jugo ni para mi oración ni para mi acción! ¡Ese no conocerte a pesar de tratarte!...

Corazón de mi Jesús Sacramentado, ¡una limosna de *vista tuya* para este pobrecito ciego!

¡Que te vea!

16. SEMILLA ES LA PALABRA DE DIOS

Lc 8,11

El fruto de tu Comunión o de tu visita al Sagrario no puede ni debe limitarse a los minutos que allí pasas: debe durarte y servirte para todos los minutos del día, es decir, hasta la nueva Comunión o visita.

Pero ¡somos tan olvidadizos! ¡Se nos disipan tan pronto los recuerdos, aun los más queridos!

Ahí te presento una sencilla industria para prevenirte contra esos olvidos tan funestos como injustos. Y consiste en compendiar lo que has dicho u oído interiormente o prometido al Jesús de tu Comunión y visita en una *palabra* y esforzarte en repetirla muchas, muchas veces al día, más que con los labios con el corazón. ¡Como si paladearas un caramelo!

La palabra de mi Comunión

Ésta es la palabra que cada mañana prometo cumplir al Jesús de mi Comunión como acción de gracias, práctica sincera, eficaz, efusiva y difusiva para con mi prójimo, reformadora y transformadora de mí y conformadora con Él.

Esta palabra es el *jugo* de mi preparación y Comunión circulando como savia en todas las obras de mi día, es la *flor* que la *semilla divina* de la mañana ha hecho brotar para que me pase el día recreándome en su olor, es la *respuesta* con que mi alma *sigue* la conversación que al entrar en ella mi Jesús empezara, es el *alerta* de mi atención con los *furtivos cazadores* de mi alma, sentimientos de vanidad o despecho, pensamientos mundanos o impuros, halagos de disipaciones y tibiezas, solicitudes excesivas y preocupaciones atormentadoras, etc., etc., es una vuelta más de afecto actual, de presencia íntima al lazo con que até mi corazón al Corazón suyo...

Un ejemplo

Para facilitarte esta industria.

Estas palabras, entre otras, podrán ser:

¡Soy granito de trigo! Esa palabra casi insensiblemente me dice que para que dé fruto he de ser *arrojado* al surco, o sea, más abajo del suelo, *escondido, oscurecido, labrado, abonado, segado, difundido* y todo esto para que se muera y se pudra y sobre su corrupción se levante la *vida nueva...*

Hoy sí: Es la palabra de la aceptación animosa, decidida y confiada en el auxilio de Dios y desconfiada del auxilio propio, de mi cruz de hoy, del deber penoso.

Como Tú quieras: Así, Padre, porque así te agrada. Sin buscar ni consentir más razón que esa.

Fiat: Hágase como y cuando y con las condiciones que Tú quieras.

Al punto: No mañana, ni cuando me guste a mí, ni cuando me venga bien, ni una hora ni un minuto después, sino *ahora,* ¡al punto!

Como niños: Así quiero vivir, con el abandono en sus padres, con la despreocupación del mañana, con la ingenuidad y la sencillez de los niños...

17. ME DA COMPASIÓN

Mc 8,2

Sacerdote mío, cristiano fiel, almas afligidas, ¿os habéis detenido muchas veces, alguna vez siquiera, en esas palabras mías del Evangelio: *Me da compasión?* ¿Las habéis saboreado? ¿Os habéis puesto a oírmelas repetir desde mi Sagrario en donde sigo viviendo entre mis hermanos los hombres?

Cierto, que por la fe de cristianos que tenéis, creéis en mi misericordia, como creéis en mi justicia y en mi poder y en mi sabiduría lo mismo en mi vida mortal y eucarística de la tierra que en mi vida inmortal, gloriosa y sin velos del cielo.

Pero mi pregunta de ahora va más adentro.

Os digo: ¿os habéis dado cuenta de que mi Corazón, que ciertamente palpita de amor infinito por vosotros en la Hostia callada, siente compasión, mucha compasión de todas las penas espirituales como corporales que afligen a las multitudes que viven en torno de mis Sagrarios?

Otra pregunta más: cuando las lágrimas asoman a vuestros ojos (¡y asoman tantas veces!), o cuando la desesperación turba vuestras cabezas y agota vuestros corazones, ¿os habéis acordado de que, de un modo invisible pero cierto, hay otros ojos humedecidos por vuestras propias penas y otro Corazón entristecido por vuestra misma tristeza y una vida envuelta y ungida por el mismo dolor que envuelve la vuestra? Es decir, ¿os habéis acordado de que el Corazón de Jesús de vuestro Sagrario sigue diciendo la palabra que le arrancó la compasión por las muchedumbres sin pan, y habéis creído con *fe viva* que la está diciendo sobre vuestro corazón sin consuelo, sobre vuestra alma sin paz, sobre vuestro cuerpo sin salud, sobre vuestra familia sin bienestar, sobre el montón a veces sin número ni medida de vuestras aflicciones y escaseces?...

¡Ay! Vuestro llorar sin consuelo, vuestro sufrir sin esperar, vuestra inquietud por buscar consoladores y vuestro desengaño y despecho de no acabarlos de encontrar, ponen muy a las claras una respuesta negativa y triste a todas esas preguntas.

No, no, vuestro padecer de pagano y no de cristiano dice y prueba que en vuestras horas tristes no pasan ni por vuestra cabeza ni por vuestro corazón estas ideas: El Corazón de Jesús vivo en mi Sagrario sabe mi pena, siente mucha lástima de mí, está lleno de compasión por mí en esta hora de dolor y arde en deseos de remediarme y consolarme...

Y cuenta que el pensar y el sentir así del Corazón de Jesús no es ni ilusión de un enfermo, ni desvaríos de un loco, sino obediencia y cumplimiento de mis palabras: «Venid a Mí los que estáis cargados y Yo os aliviaré» *(Mt* 11,28) y «Me da compasión de esta multitud de gente, porque hace ya tres días que están conmigo y no tienen qué comer...».

* * *

Sacerdotes cargados con la pesada cruz de vuestro ministerio de penas de calle de Amargura, cristianos de pies ensangrentados por las espinas del camino y almas, de muchas heridas abiertas por muchas clases de penas, ¡venid a mi Eucaristía! En ella está no sólo el Dios de vuestras adoraciones y el Pan de vuestro espiritual alimento, sino el Corazón infinitamente considerado, inagotablemente tierno, incansablemente misericordioso que a cada quejido de vuestros labios y a cada lágrima de vuestros ojos responde ¡estad ciertos! con un latido de infinita compasión y con una traducción siempre milagrosamente nueva del «*Me da compasión*» de mi Evangelio...

18. ME DA COMPASIÓN ESTA MULTITUD DE GENTE

Mc 8,2

Los tres modos de la compasión del Corazón de Jesús

Una duda a veces asalta a tu fe y pone a prueba tu confianza en la compasión de mi Corazón.

Duda y prueba ocasionadas de ordinario por el *modo* y el *tiempo* de manifestar Yo mi compasión.

Tú, alma afligida, quisieras ser compadecida, o mejor, sentir los efectos de mi compasión al *punto* y al *modo* y *gustos* tuyos, y Yo, precisamente porque te conozco como te amo y te compadezco, es decir, infinitamente, tengo que darte a sentir los efectos de mi compasión en el tiempo y modo que Yo sé que te conviene.

A ti te toca creer y saber de cierto y esperar confiado que, si padeces, Yo te compadezco, y que, si te compadezco, te consolaré en el tiempo y modo que mejor remedie tu miseria y se luzca más mi misericordia.

Lee el trozo de Evangelio en el que se describe una de las multiplicaciones de panes y peces que obré en mi vida mortal para saciar hambres de seguidores míos y distinguirás tres tiempos y modos de manifestar Yo la compasión que sentía por una aflicción corporal de ellos.

Primer modo

Retrasando el auxilio. Tres días anda conmigo una muchedumbre de miles de personas por el campo con privaciones abundantes en el comer y molestias en el descansar y el dormir: Yo lo sé, lo compadezco y lo siento como si padeciera el hambre y las molestias y los cansancios de cada uno y de todos juntos y... me callo sobre ese penar y sigo predicando mi doctrina y prodigando alimento a las almas como si el hambre de los cuerpos no me preocupara.

Está cierto que así convino al bien de las almas de mi auditorio, que por estas privaciones se preparaba con más desinterés, avidez y merecimientos a recibir su alimento espiritual, y a la gloria de mi Nombre y a la manifestación de mi misericordia.

Por lo pronto ninguno de estos bienes se hubieran conseguido si yo comienzo aquella mi predicación con el milagro de la multiplicación.

Segundo modo

Dando en su tiempo remedio sobreabundante. Siempre estoy presente al que sufre, es cierto; pero no siempre me oye decir: *Aquí estoy.*

Cuando llega, sin embargo, la hora de hacerme oír y ver, te aseguro que hasta los sordos y los ciegos me oyen y me ven.

¡Siete panes y unos pececillos convertidos en comida de miles y miles de bocas hambrientas! Diríase que el hambre con que se comía acrecentaba la alegría, la agradecida satisfacción y los propósitos de enmienda y de reforma. Podía decirse que comían los cuerpos y las almas; unos y otras se sentían bañados de oleadas de misericordias de Dios y en auras de agradecimientos inexplicables e imborrables.

¿Verdad que aquel fue en verdad el momento mío?

Tercer modo

Anticipando el remedio a la necesidad. Mi compasión no va detrás de la pena de los que amo: si así fuera no sería compasión de un Corazón de infinito Amante.

Sí, mi compasión como mi amor van siempre delante; y así como antes de que me amaras tú yo te amaba, antes de que caigas estoy dándote la mano y antes de que llores estoy enjugando tus lágrimas.

¿No me recuerdas llorando sobre Jerusalén no sólo por los pecados que había cometido, sino principalmente por el gran pecado que iba a cometer dando muerte a su Señor y a su Visitador?

Ese, ese es el sentido de mis palabras «*desfallecerán en el camino*», que doy como razón a mis apóstoles para proveer abundantemente al hambre de mis seguidores.

El hambre, que iban a padecer, si los dejaba partir en ayunas, me dolía tanto y más que la que ya padecían por estar conmigo ya tres días sin provisiones.

* * *

Almas apocadas por el continuo padecer o el frecuente caer, y acobardadas ante lo por venir, ¿no os alienta, no os robustece saber que el Corazón de Jesús vivo de vuestro Sagrario cuenta ya con vuestros desfallecimientos y caídas y muy por anticipado los está compadeciendo y tratando de remediar sin coartar vuestra libertad?

Sacerdotes y cristianos con coronas de espinas, cruz de hierro y hombros de carne y pies de barro, ¡al Sagrario cada mañana y cada tarde y muchas veces!, ¡que de allí va saliendo vuestro Jesús cada hora a andar el camino por donde habéis de andar y en donde quizás, quizás habréis de caer!...

Parte III

Lo que singularmente dice el Corazón de Jesús a sus sacerdotes

Ya no os llamaré siervos,
sino amigos
Jn 15,15

1. SI CONOCIERAS...

Jn 4,10

Un rato de intimidad

¿Quieres, sacerdote mío, que echemos un rato de conversación aquí en mi Sagrario? De Corazón a corazón.

¡Nos hace tanta falta a los dos ese rato! A ti, para fortalecerte, orientarte y hacerte más bueno; a Mí, para endulzar mis horas de abandono, para gozarme en hacerte bien y por ti a muchos hijos tuyos y míos y a los dos para desahogarnos y consolarnos mutuamente...

Porque la verdad es que quien dice Corazón de Jesús o corazón de sacerdote, dice penas de ingratitudes muy negras, de espinas muy punzantes, de hieles muy amargas.

¡Mira que llueven dolores sobre los corazones nuestros!

Yo desde mi Sagrario y tú desde tus ministerios podemos todavía repetir la queja y la pregunta de mi profeta: *«Vosotros todos los que pasáis por el camino, mirad y ved si hay dolor como el dolor que me atormenta» (Lam* 1,12).

Las penas de los dos amigos

En verdad que no hay en la tierra dolor como nuestro dolor. Y ¡qué!, ¿hemos de ser hermanos en el padecer y no en el desahogarnos?

¿Nos han de unir las desolaciones y no los consuelos?

Y mi Corazón, a pesar de las hieles que lo inundan, ¡los tiene guardados tan ricos y suaves para sus sacerdotes!

Sí, sí, sacerdote mío, nos hace mucha falta a los dos el rato de conversación a que te invitaba.

Tenemos que hablarnos los dos, ¡los dos!, ¿te enteras? Tú me hablas y Yo seré todo oídos para escucharte, y cuando Yo te hable, calla tú y manda callar todo lo que levante ruido en tu corazón.

Y hemos de hablarnos en mi Sagrario, ¡no faltaba más! ¡Si para eso he hecho Yo el Sagrario! ¡Si para que en todo el orbe pudieran mis hijos hablar y estar conmigo he hecho tu sacerdocio! ¡Como que tu sacerdocio se ha creado para perpetuar mis Sagrarios en la tierra!

De modo ¡que en *nuestro* Sagrario!

Una queja

Déjame que preceda a nuestra conversación una queja que tengo de muchos de mis sacerdotes.

¡Los veo muy poco por mis Sagrarios!

Los veo en las bibliotecas y en las aulas aprendiéndome, en los púlpitos y en la propaganda enseñándome, los veo en diversidad de lugares haciendo mis veces, los veo también, ¡qué pena!, en lugares en los que ni tienen que aprenderme, ni hacer nada por Mí... y, sin embargo, por mis Sagrarios ¡los veo tan poco!, y a ¡tan pocos!

¿Verdad que tengo motivos para quejarme?

Si conocieras...

¡Si supieras, sacerdote mío, lo que se aprende leyendo libros, estudiando cuestiones, examinando dificultades *a la luz de la lámpara* de mi Sagrario!

¡Si *supieras* la diferencia que hay entre *sabios de biblioteca y sabios de Sagrario!*

¡Si supieras todo lo que un rato de Sagrario da de luz a una inteligencia, de calor a un corazón, de aliento a un alma, de suavidad y fruto a una obra!...

¡Si supieras tú y todos mis sacerdotes el valor que para *estar de pie* junto a todas las cruces infunde *ese rato de rodillas* ante mi Sagrario...!

¡Ah! Si se supiera prácticamente todo esto, ¿cómo se verían mis Sagrarios tan vacíos de sacerdotes y en cambio tan llenos los círculos de recreos, los paseos públicos, y alguna vez... hasta los cafés, cines y teatros?

¡Si supieran! ¡Si supieran!

2. ¡SI CONOCIERAS EL DON DE DIOS...!

Jn 4,10

El don difícilmente conocido

¡El don de Dios!, ¡el don de Dios! ¿Lo conoces, sacerdote mío?

No te extrañes ni te quejes de mi pregunta.

¡Le han pasado unas cosas tan extrañas a ese *don* de Dios hasta llegar a ser conocido de sus sacerdotes!

Si has leído despacio mi Evangelio y, sobre todo, si al través de sus letras has tratado con la meditación de meterte dentro del espíritu que las vivifica, habrás descubierto que Yo vine a la tierra con el decidido y *principal* propósito de quedarme en ella entre mis hijos.

Mi Eucaristía no es en el Evangelio una *casualidad,* un *accidente,* una de *tantas cosas bellas,* un *milagro* más, uno *de sus beneficios...,* no, no, es algo, es infinitamente más que eso, es una *idea dominante,* una *revelación constante* y *evidentemente hecha,* un *fin* siempre buscado, y si me lo dejas decir, una *gran obsesión.*

Y verás lo que fueron haciendo los hombres a medida que les iba dando a conocer mi Eucaristía.

Historia de dificultades

Se anunció por vez primera a continuación de un gran milagro de multiplicación de panes y de peces y, apenas insinué las nuevas e indefinidas multiplicaciones de *mi Pan,* los que me oyen, los hartos de mi otro pan, me miran con ceño airado, llaman dura mi palabra, me vuelven las espaldas y... se van.

Sigo aprovechando las ocasiones que se me presentan para seguir descubriendo a los que no se fueron el *don de Dios* que preparaba y... no se enteran y, lo que es más triste, no se preocupan por enterarse.

Me preguntan de mi reino, de la liberación de Israel, del pago de los tributos, de la supremacía de unos sobre otros... De la Eucaristía que les esperaba ¡ni una palabra!

Llegó la noche, con *deseo deseada,* de realizar lo anunciado y de cumplir lo prometido.

¡Instituí mi Eucaristía!

¡La di a comer y a beber a mis sacerdotes!

Y ¡qué pena me cuesta decirlo!, mis sacerdotes siguieron discutiendo la antigua cuestión de la supremacía, menos uno que se dedicó a la torpe tarea de buscarme compradores y verdugos...

Éste y aquellos, ¡como si tal *don* hubieran recibido! ¡Siguieron pensando, sintiendo, temiendo y obrando lo mismo que si no tuvieran Eucaristía!

Don escasamente agradecido

Cuando nací, Ángeles y pastores celebran mi nacimiento y se muestran agradecidos a pesar de mis pobrezas y anonadamientos; cuando me presenté al templo, a pesar de mi riguroso anónimo, no faltan un anciano y una anciana que me agradezcan y prediquen; cuando nací a mi vida de Sagrario, a pesar de mis anuncios, de mis milagros, de mi santidad, de mis promesas de bienes temporales y eternos para los que me comieran... ¡ni un estremecimiento de alegría, ni un gesto de agradecimiento, ni una lágrima de consuelo, ni una palabra siquiera, de acuse de recibo! ¡Nada!

¡Lo que interesaba a mis sacerdotes en aquel momento, el más solemne y augusto de los siglos, era dejar bien discutidas y asentadas sus categorías!...

¿Te extrañarás ahora, sacerdote mío, de que te pregunte con un acento un si es no es desconfiado y amargo: Sacerdote, conoces tú el *don que Dios* te ha regalado en el Sagrario?

Sacerdote, ¿conoces, quieres y saboreas *lo bueno* de mi Sagrario?

¡Me halaga tanto sentirme conocido, querido y saboreado por ti, sacerdote mío!

Y ¡edifica y levanta tanto a mi pueblo el darse cuenta, ¡y se la da tan pronto! de que el sacerdote que le habla, lo apacienta y lo gobierna es de *los que me quieren y saborean en mi Sagrario...!*

Y ¡le hace tanta falta al pueblo la *evidencia* de la *fe viva* del sacerdote en Mí y en mis misterios!

3. SÍGUEME

Mt 8,22

Estamos en *nuestro* Sagrario; tú, sacerdote mío, de rodillas ante el altar, y Yo desde mi modesto trono del Copón.

Has oído y entendido el *¡si conocieras...!* de mi invitación al Sagrario y en vez de imitar a la Samaritana en las preguntas de curiosidad y de duda con que me responde, has decidido aceptar y venirte.

¿No es eso lo que me quieres decir puesto ahí de rodillas?

Sí, la fijeza con que miras la puertecita dorada de mi Tabernáculo, como esperando verme salir por ella, a hablar y andar contigo, me está recordando la actitud firme de otro sacerdote mío: de Pedro, cuando me decía a la vista de muchos que se iban: *¿A quién vamos a ir sino a Ti? (Jn* 6,68).

Esa es tu palabra, ¿verdad?

Pero he de advertirte que en los siglos que llevo viviendo entre los hombres he oído decir a muchos esa palabra y, no obstante, ¡veo a tan pocos seguirme!

Y no creas que *mienten*; sino que se *engañan...*

¿Sabes en qué?

En que en vez de seguirme a Mí, que soy el Jesús verdadero, siguen a otro Jesús...

Las dos clases de seguidores de Jesús

No te extrañes ni te escandalices; Jesús verdadero no hay más que uno, que es el primogénito del Padre Celestial e Hijo de la Virgen Inmaculada; pero Jesús falsificados, apócrifos, fantásticos, hay muchos, muchos, tantos como imaginaciones y egoísmos, sensualidades e hipocresías *empeñados* en que o no haya Jesús o lo haya a su gusto y capricho.

¡Conozco más falsificaciones de Mí!

Y ¡claro! Como siempre es más cómodo seguir al falsificado que al verdadero, tengo que pasar por la pena de *verme suplantado* ¡aun en mis iglesias, aun en mis Sagrarios!

¡Pobrecillos! los veo rezar y a algunos hasta comulgar y luego en la conversación que por dentro entablan con *su* jesús, y en la actitud y en los trajes con que se presentan, advierto que no es *conmigo* con quien hablan, sino con *un jesús* (así con minúscula) no bueno, sino *bonachón*, no suave, sino *dulzarrón*, no compasivo, sino *tolerante*, no sabio, sino de *modestos alcances*, no enterado de todo, sino *miope* o *aficionado a la vista gorda*, no diligente, sino *adormilado*... un *jesús,* por supuesto, sin nada de corona de espinas, ni de cruz, ni de cardenales, ni de pobreza, ni de austeridades de Calvario, y en cambio, de esplendores de gloria, de blancuras de nieve, de miradas apasionadas, de regazos tiernos, de senos blandos, de ternura de palabras, de derretimientos de afectos y de sueños y de ilusión ¡cuánto! ¡cuánto! y ¡bajo cuánta variedad de formas!

Y no creas, sacerdote mío, que son sólo gentes mundanas y sin teología las que así me suplantan, que aquí en la intimidad de la conversación te diré, ¡pena me cuesta!, que oigo a algunos *amigos* predicar a un jesús que no soy Yo, aconsejar conforme a una moral *cristiana* que no es mía, prometer premios y mercedes a obras y personas incomunicadas totalmente conmigo...

¡Que todo esto es duro!, ¿verdad?

Pero tan cierto como duro.

¿No ves las obras de muchos que me tienen en la boca, que andan junto a Mí y que hasta comen por servirme a Mí?

En sus maneras de hablar y de pensar de los demás, de querer a los hermanos, de tratar a los enemigos, de vestir, de sufrir, de gozar, de vivir, en una palabra, ¿encuentras un rasgo siquiera del Jesús callado, paciente, pobre, abnegado, incansable, humilde, generoso y amante hasta el fin del Sagrario?

¿No? ¿Y hablan, no obstante, de Jesús, y se llaman cristianos, es decir, seguidores de Jesús?

Ya sabes a qué *jesús* siguen.

¡Son de los falsificadores!

Tú, *sígueme* A MÍ.

¡A MÍ!

¡Al Hijo de María Inmaculada, al Aprendiz del taller de Nazaret, al Maestro de la Cruz de palo, al Crucificado del Calvario y del Altar, al Cordero de Dios que quita los pecados del mundo...!

4. ¿TÚ CREES EN EL HIJO DE DIOS?

Jn 9,35

No recibas con extrañeza esta mi pregunta, sacerdote mío.

Y si no puedes reprimirla déjame que te diga que más pena me causa a Mí hacerla que extrañeza a ti recibirla.

¡Tengo que hacer esa pregunta a tantos y tantas veces!

Me veo tratado por muchos de mis bautizados y hasta de mis preferidos de modo tan distinto de como *debe ser* tratado el Hijo de Dios, que ha lugar a que les vuelva a preguntar como a aquel cieguecito de Siloé que, después de curado, no sabía quién era el *hombre aquel* que le había devuelto la vista: ¿Tú crees en el Hijo de Dios?

Pero con esta gran diferencia: que el ciego del milagro podía tener motivos legítimos para no conocerme, ¡ciego de nacimiento, ignorante, obligado a mendigar su sustento, sin una mano que lo hubiera traído a Mí y sin una voz caritativa que de Mí le hubiera hablado!... ¡pero los otros, los nacidos en familias y pueblos cristianos, los agasajados por mi Corazón, los instruidos en mi Ley, esos... deben estar enterados de quién es el *hombre aquel!* ¡Y, sin embargo, ni aun como hombre me tratan!

La confesión de la boca y de la cabeza

Sí, ¡tengo tantos *amigos aún no enterados* de quién es el Jesús del milagro de su primera Comunión, de la serie de ellos de su seminario, del milagro de los milagros de su sacerdocio!...

Cierto que sus bocas y aun sus cabezas, me confiesan Hijo de Dios, pero ¿sus obras?, ¿sus corazones?

Estas dos cosas responden de Mí como a los fariseos respondían el ciego y sus padres.

¿Dónde está Él?, preguntaban al primero, *¿en dónde está el que te ha curado?*

Respondía: *No lo sé.*

¿Quién abrió sus ojos?, preguntaban a los segundos.

No lo sabemos.

No sabemos... En ellos no me dolía esa respuesta porque aún no me conocían. Pero, ¡en mis *amigos!*, ¡que tengan que decir con sus obras y con su corazón que *no saben en dónde estoy* ni *quién soy!*

La confesión de corazón y de obras

Porque si *de corazón* y *de obras* supieran en dónde Yo estoy, ¿me vería tan *solo de sacerdotes* en mis Sagrarios?, ¿me vería tan *poco buscado* por ellos en sus penas, en sus alegrías, en sus perplejidades, en sus luchas... en mis abandonos...?

Y si *de corazón y de obras* supieran *quién soy*, ¿me vería tan poco y tan desfiguradamente predicado, tan fríamente sentido, tan injustamente preterido... *de los míos...?*

¡Ah!, sacerdote, que al venir a dedicarme en este Sagrario un poco de tu tiempo, me estás diciendo que de corazón y de obras sabes *en dónde estoy* y *quién soy Yo,* ¿no descubres una gran espina para mi Corazón en ese *desconocimiento afectivo y práctico de los míos?*

¿Verdad que me sobra razón para salir al encuentro de cada uno de ellos y preguntarle: Pero ¿tú crees en el Hijo de Dios? ¿Tú crees en tu Misa? ¿Tú crees en tu Sagrario?

Y ¡no has de creer!

¡Si mejor que nadie tú sabes que en una y en otro *le has visto, el que habla contigo, ese es,* lo ves y te habla Él mismo!...

Y si crees, ¿por qué no terminas como el ciego del milagro, *que postrándose lo adoró?,* ¿por qué tu fe en el Hijo de Dios no te lleva a adorarlo no sólo con tu *boca* y con tu *cabeza,* sino con *tu corazón* y *tus obras?*

¿Podría haber para tu vida pública y privada, de hombre y de sacerdote y para todas las manifestaciones de tu vida y de tu persona un programa más completo y más adecuado que éste: Que todo tú y todo lo tuyo sea *respuesta digna* al *Tú crees en el Hijo de Dios...?*

Ese programa, así cumplido, quitaría a tu vida y a tu persona la *dualidad* que tanto escandaliza al pueblo; haría desaparecer ese *doble hombre* público y privado y produciría esto sólo: un *sacerdote de Jesús.*

5. ¡HOMBRE DE POCA FE!...

Mt 14,31; *Mt* 8,26

Conoces la historia de esas dos palabras, ¿verdad?

Por lo menos el *principio* de esa historia.

Puedo decirte que esa historia, que tú conoces, no es otra que el *principio* de una historia que todavía no se ha acabado de representar.

Aquella escena del apóstol mío sumergiéndose en las aguas por falta de fe en Mí ¡se reproduce tanto!, y he tenido y tengo a tantos que repetir, desde mi Sagrario, al par que les doy la mano, para que no se ahoguen:

¡Hombre de poca fe!...

Yo estoy cierto que mis sacerdotes creen en Mí y que con gusto darían su sangre por confesarme Dios y hombre verdadero realmente presente en la Hostia consagrada: pero también estoy cierto de que ¡siento palpitar *tan poco* en torno mío *la vida de fe!*

Fe muerta o mortecina

¡Hombre de poca fe...!

¡Encuentro tan poca fe viva en torno mío que algunas veces, muchas veces, podrían de nuevo mis Evangelistas escribir aquella desoladora frase: *¡Tampoco sus hermanos creían en Él!... (Jn 7,5).*

¿Podría explicarse de otro modo tanto desaliento de los míos, tanto criterio humano o terreno en materias de suyo sobrenaturales, tanto afán de premio de *tierra,* de comodidad de *tierra,* de honor de *tierra,* de vida de *tierra,* tanto lamentarse y entristecerse y desesperarse como si Yo no fuera Yo y no estuviera donde estoy, tanto contar con el hombre y con su pobre y desmedrado poderío y tan poco contar conmigo, tanto amor de sí y tan poco amor de Mí?...

Sacerdote mío, ¿verdad que todo eso es falta de fe viva o sobra de fe muerta o amortiguada? ¿Verdad que tengo razón de quejarme de la poca fe de los míos y de echar sobre ellos el reproche del vacilante Pedro: ¡Hombre de poca fe!?...

¡Si se creyera en Mí!

Fe viva

Pero ¡con lógica, con consecuencia, con formalidad y con constancia!

Si con esa fe se creyera en mi Sagrario, ¿quién te ha dicho que habría tanto sacerdote fluctuante en las congojas del desaliento y del pesimismo o ahogado entre las olas turbias de tentaciones y tibiezas?

Tú al menos, sacerdote, que me visitas en mi Sagrario, cree así en Mí.

Y creyendo en Mí, verás cómo tienes *fe* en tu *ministerio,* que es divino; en tu *palabra,* que es mía; en tu *oración,* que es de la Iglesia, en tu *acción* que es ministerial; hasta en tu *presencia,* que me representa a Mí...

Y con esa fe verás qué *acompañado* te sientes y con qué decisión y firmeza andas sereno sobre todas las olas reales y simbólicas y hasta sobre brasas encendidas sin mojarte ni quemarte.

Sacerdote, ¡si creyeras *del todo* y *siempre* en Mí...!

¡Qué feliz vivirías, qué seguro andarías, qué claro verías, qué resueltamente saltarías por encima de todos los obstáculos, con qué paz avanzarías cogido de la mano de mi Madre Inmaculada y apoyado sobre mi pecho!

¡Sacerdote, amigo mío, cree en Mí y fíate de Mí...!

6. Y TODO LO QUE PIDIEREIS AL PADRE EN MI NOMBRE LO HARÉ: PARA QUE SEA GLORIFICADO EL PADRE EN EL HIJO

Jn 14,13

No te vendrá mal,
sacerdote, que vienes a pasar este rato conmigo, que me dedique a ensanchar tu corazón y a dilatar los horizontes de tu alma. ¡Abruma y achica tanto a las almas el mundo! Y ¡están tan tentados de encogimiento y cansancio mis sacerdotes que andan por medio de él!

Déjame que ante todo te pregunte como en otro tiempo a mis apóstoles: ¿tú quién dices que soy Yo?

Y después de esa pregunta mía y de la respuesta tuya, igual seguramente a la de Pedro, insto: ¿Y te has puesto a pensar en lo que ese Padre es para su Hijo y ese Hijo es para su Padre?

Puedo asegurarte que la mayor parte de los desmayos de fe y de esperanza que padecen mis Ministros, proviene de no meditar en lo que mi Padre me quiere a Mí y en lo que Yo valgo para mi Padre.

Lo que el Padre quiere al Hijo
¡Lo que mi Padre me quiere!

Llama a tu fe, evoca tus recuerdos y nociones de teología y que te digan lo que soy Yo... Luz de la Luz, Dios verdadero de Dios verdadero, engendrado, no hecho, sustancia de su substancia... Hijo natural de Dios, es decir, más propia, substancial y esencialmente hijo suyo que todos los hijos lo son de sus padres.

Y si soy tan hijo, y eso de que los padres quieran a sus hijos no es invención ni convenio de los hombres, sino ley y necesidad de la paternidad, calcula, si puedes, el amor de ese Padre eterno e infinito a su Hijo eterno e infinito como Él.

Junta en una caricia todos los cariños buenos de la tierra de padres a hijos, de hijos a padres, de hermanos a hermanos, de amigos a amigos, reúne en un beso la explosión de todos los besos que han brotado de labios de madres desde el primer día que las hubo, pon en una llama todo el fuego que ha salido de corazones amantes desde el primer momento en que se amaron los hombres, y ni aquella caricia, ni aquel beso, ni esta llama llegarán a ser una sombra del amor con que mi Padre me ama.

Hablando tu lenguaje humano tan escaso de vocablos que expresen con propiedad lo grande y lo bello, y mucho menos lo infinito, te diré que, si en Dios cupieran desatinos y locuras, mi Padre celestial me quiere hasta la locura y el desatino y tanto que su única ocupación de Señor eterno, infinitamente sabio, bueno, poderoso, es esta: recrearse y complacerse en su Hijo.

Lo que da el Padre al Hijo

Y si sigues no escandalizándote de este lenguaje humano aplicado a hablar de cosas tan subidas e inefables, te diré que la creación entera con sus ángeles, sus hombres y sus insectos, con sus soles y sus arenas, con sus aires y sus aguas y sus tierras y sus fuegos, y la Redención con sus anonadamientos de Belén, Cenáculo y Calvario, con sus glorias de Tabor y Resurrección, con sus donaciones inefables de Eucaristía, de Virgen Madre y de Iglesia, no son otra cosa que explosiones de amor del Padre celestial para su Hijo.

Sí, todo lo del cielo, lo de la tierra y lo de los abismos lo puso mi Padre en mis manos y lo hizo para Mí y lo sometió a mi juicio.

Como el amor es dar, y mi Padre Dios es Amor, no se cansa de darme, primero y eternamente su substancia y con ella su gloria y su poder, y después cuanto pueda servir a aumentar mi gloria accidental.

El porqué de todas las cosas

¡Oh! Y ¡cómo te daría materia para interminables ratos de Sagrario la meditación de los modos siempre maravillosos y nuevos con que el Padre va buscando, lo mismo en la eternidad que en el tiempo, lo mismo en la Creación que en la Redención, en las almas como a través de la historia, la gloria de su Hijo y cómo hace que todo, lo voluntario y lo involuntario, lo bueno y lo malo, lo grande y lo chico, lo invisible y lo que se ve, lo que pasó y lo que está por venir, todo sirva a la gloria de su Hijo!

Por eso podía Yo decir confiado a mis discípulos y a mis enemigos: Yo no busco mi gloria, hay quien la busque...

Sacerdote mío, tú que por ser hombre y por ser hijo tienes corazón blando: ¿No se te enternece al meditar y saborear esta suprema y dulcísima razón de ser de todo lo que existe?

La glorificación del Padre en su Hijo

¿No nada en placer tu alma al saber que el mundo, con sus distintos reinos y jerarquías, no es otra cosa que un *poema* cantado y hecho cantar en honor de su Hijo por el amor de un Padre infinitamente bueno, sabio, poderoso? ¿No desaparecen de ante tus ojos medrosos todos los miedos y horrores y tenebrosidades de la vida al enterarte de que toda ella no es en definitiva sino el festín de bodas aparejado por el gran Rey a su Hijo y que toda tu misión en ella es sentarte a gozar del festín, comer de lo que te presenten y cantar?

¿Comprendes ahora la palabra que tantas veces repetí en mi Evangelio: TODO, ¿te enteras bien? TODO *lo que pidiereis al Padre en mi nombre os lo dará* para glorificar a su Hijo, o bien, Yo *os lo daré para que el Padre sea glorificado en el Hijo?*

Sacerdote, después de meditar lo que *el Hijo vale delante de su Padre,* ¿volverás a dejar que entre en tu corazón el miedo o el engreimiento? *¿Tú, el dueño de la llave* del Sagrario en que se quedó a vivir el Hijo? ¿Tú, el que todas las mañanas puedes tomar entre tus dedos la Hostia consagrada que es el Cuerpo, la Sangre, el Alma y la Divinidad del Hijo de Dios?

Siendo tuyo el Hijo de Dios, ¿te podrá negar algo el Padre celestial?

Y si lo cuidas bien en tu Sagrario, buscándole mucha y buena compañía de almas, y en las almas preparándolas para que Él se sienta a gusto en ellas, ¿has pensado en la *gratitud* que te guardará su Padre?

7. ASÍ, PADRE...

Mt 11,26

¿Te has detenido, sacerdote mío, alguna vez ante esas dos palabras de mi Evangelio?

¿Quieres que en este rato de Sagrario que vienes a pasar conmigo te las descubra y comente? ¡Veo a tantos predicadores y comentaristas míos pasar por encima de ellas y limitarse a traducirlas solamente!

¡Y escondí detrás de estas dos palabras tanta ciencia y tanta virtud! ¡La ciencia y la virtud de ser feliz desde ahora hasta siempre!

¿Hay muchos sacerdotes felices?

¿Qué se opone a la felicidad de los hombres? Y concretando más; responde con ingenuidad: ¿Tú eres feliz? Más; de entre los hermanos que tú conoces y tratas, ¿sabes de alguno que sea feliz?

Y antes que me contestes por ti o por ellos, te contesto Yo, descubriéndote lo que desde aquí mismo, desde mi retiro del Sagrario, leo en las caras y en los corazones de mis sacerdotes. ¡Pobrecillos! ¡Los veo tan desasosegados! Cuando por las mañanas en sus Misas me traen a sus manos y me introducen en sus pechos, me encuentro tantas veces con agitaciones de espíritu, tristezas hondas de corazón, destemplanzas de genio, inquietudes de miedo o de aspiraciones, y no te hablo ahora nada de cuando tropiezo con remordimientos de pecados cometidos, no confesados, ni dolidos... Es decir, que en mis excursiones por las almas de los sacerdotes me encuentro pocas veces con mis hijas la paz y la felicidad...

Te sorprenden, ¿verdad?, estos mis descubrimientos. ¡Tienen tantos motivos!

Porque ¡cuidado que tiene el sacerdote elementos y motivos de paz y felicidad!

Su vocación, o sea su designación personal para ser mi sacerdote con todas las gracias y prerrogativas anejas, el conocimiento más claro de mi doctrina, la experiencia de lo inagotable y delicado de la misericordia mía en sus ministerios, especialmente en el del confesonario, la Misa diaria, la Comunión diaria, la propiedad y posesión perpetua del Sagrario, la seguridad de mis promesas infalibles en pro del fruto de sus trabajos, del triunfo de sus campañas y hasta de su subsistencia económica... ¡Cuánto motivo, no ya para ser feliz, sino para enloquecer de dicha!

Cierto que junto con todo eso he dado también a mis sacerdotes una cruz de palo, grande y pesada, una corona de espinas y unos clavos...; pero así y todo, hay *sobreabundancia de dicha* en el patrimonio de mis sacerdotes, tanto más cuanto que esa cruz y esa corona y esos clavos son los mismos que me sirvieron a Mí y se llevaron mi olor, mi virtud y mi gloria...

¿Por qué no son felices?

¿Por qué, pues, esa tristeza de cara y de corazón de mis sacerdotes, aun los buenos? ¿Por qué ese tenerse muchos de ellos por desgraciados, preteridos, arrumbados, inútiles? ¿Por qué ese buscar perenne y anhelante de la dicha fuera de casa, teniéndola tan abundante dentro? ¿Por qué ese perpetuo quejarse de las injusticias de los superiores, ese mendigar en puertas, que nunca debieran pisarse, destinos y puestos, honores y halagos y ese constante querer ser lo que no se es, estar en donde no se está y tener lo que no se tiene?

Mi respuesta la tienes en que *se dice* muy poco y, si se dice con la boca, no se dice con el corazón entero aquellas dos palabritas del principio.

El secreto del «Así, Padre»

Esa es la palabra del *reconocimiento* de mi paternidad sobre cada uno, de la *aceptación* sin condiciones de mi voluntad, y del *abandono* sin reserva en ese mi cariño de Padre, y por eso es la palabra del sacerdote feliz.

Si soy Padre tuyo, ¿por qué no aceptas mi paternidad con todas sus consecuencias, después de todo tan favorables para ti?

Si soy Padre de saber y de amor infinitos, y tú el hijo de una indigencia infinita, ¿qué inconveniente hay en que tú digas el *así* de tu aceptación y abandono previos a *todos los comos* de mi voluntad sobre ti?

¡Los comos de mi voluntad y de mis obras! ¡Qué ratos tan sabrosos de meditación tienen! ¡Y cómo contrarían el amor propio y el criterio humano!

Sabe que son muchos más los que me desobedecen por empeñarse en *discutir mis comos* que por decirme claramente que no me acatan. ¡En la Sagrada Escritura cuántas evasivas, dilaciones y desobediencias de mi voluntad por no acatar sin discusión el *como!*

El derecho de Dios

Y, sin embargo, Yo tengo derecho a mandar *lo que* quiero y *como* quiero.

¿No tengo derecho a mandar que uno me sirva ganando batallas y fortalezas y el otro perdiéndolas? ¿No tengo derecho a presentar a éste de una sola vez todo el camino que ha de recorrer en su vida y no descubrir a aquel sino sólo el palmo de tierra donde ha de dar el paso inmediato? ¿No tengo trazas y poder para honrar con ignominias, elevar con abatimientos, enriquecer con escaseces, inundar de gozo hartando de hiel?

Pues si es así, ¿a qué ese afán de escudriñar, discutir, lamentar, protestar, huir el *como* de mis designios? ¿No ves que en ese afán por buscar *lo tuyo,* lo que tú crees tu bien, me tratas de demostrar que tú *te quieres más* que Yo te quiero y que *tú sabes mejor* que Yo lo que te conviene, es decir, que tú eres más padre tuyo que Yo? ¿No ves que eso es negarme, prácticamente al menos, y proclamar tu *gran miseria,* fuente de toda tu dicha?

No te canses, pobre sacerdote mío, no te canses en buscar tu paz por esos senderos, ¡ahí no está! Estarás condenado a inquietud perpetua, mientras en tu piedad, en tus ministerios, en tus trabajos, en tus apuros, en tus persecuciones, en tus perplejidades y hasta en tus pecados no metas la firme persuasión de que soy *tu Padre,* y que la palabra de tu pensamiento, de tu corazón, de tu imaginación y hasta de tus nervios, no debe ser más que ésta:

¡Así, Padre!

Y cuando el amor propio, el gran ladrón de tu paz, o la imaginación, tu gran tirana, humillados y burlados te pidan cuenta o razón de tu emancipación de ellos, no les des más que ésta: «Así te ha parecido bien» *(Mt* 11,26). Porque ASÍ le gusta a MI PADRE.

8. SEMEJANTE ES EL REINO DE LOS CIELOS A UN GRANO DE MOSTAZA

Mt 13,31

¿Verdad, sacerdote mío, que ante mi cuna de Belén se te viene a las mientes mi parábola del *grano de mostaza?* ¡La menor de todas las semillas!

El misterio de lo chico

¡Era tan *chico* todo aquello de Belén! ¡Un pesebre, una cuadra, unas pajas, la oscuridad de la media noche, el frío del invierno, la ausencia de parientes, amigos, vecinos, la inseguridad del después, la escasez de medios materiales!... ¡Mira que era *chico* todo aquello!

Pues ese era el grano de mostaza de este árbol que se llama la Iglesia Católica.

Detén tu pensamiento unos instantes ante ese milagro mío de *engrandecimiento* de lo *chico.*

Cuenta los minutos que han transcurrido desde esas doce de la noche más *buena,* y cuenta, si puedes, las cosas buenas y grandes que, brotando de aquella cuna–pesebre, han visto desfilar esos minutos... Sangre de mártires, lágrimas de penitentes, lirios de vírgenes, resplandores de genios, buriles de artistas, plumas de sabios, espadas de vencedores, cetros de reyes, coronas de sacerdotes, cruces de resignados, palmas de héroes...

Después traspasa los umbrales de la vida terrena, llega a las regiones en donde no se cuenta por minutos, ni por años, ni por siglos, sino por eternidades, y en el cielo te dirán que allá está el *granero* de los frutos *maduros* del árbol de Belén; en el Purgatorio, que ahí se *acelera* la *madurez* de los que acá no la alcanzaron, y en el infierno, que en su fuego eterno se queman los despojos del árbol...

Y después de ese milagro perpetuo de engrandecimiento de lo chico, ¡cuántos cada día!

Chico es el Sagrario donde vivo en cada pueblo. ¡Chico por lo pobre y por lo abandonado! ¡Chico por el espacio que ocupan las especies tras las que me oculto! ¡Chico por el trato tan esquivo y ruin que me dan muchos en ellos!

Y ¡lo que sale en cada minuto de esa Hostia chiquita para sus vecinos buenos y malos, cariñosos y ariscos!

Cosa chica es una lágrima, una gota de sudor, una moneda de cinco céntimos, una crucecita de un minuto, un suspiro... ¡Chico es todo eso, es verdad!

Pero si esa gota de lágrima es la que asoma a los ojos de una María que me visita en mis soledades de Sagrario; si esa gota de sudor y esa palabra es del sacerdote apóstol, quizás, de gentes que no quieren oírle; si esa moneda es la limosna callada de una pobre viuda; si esa crucecita es la cruz de la abnegación anónima o la pena silenciosamente sufrida del vencimiento interior de las almas en cruz, entonces ¡viene el milagro!, ¡la semillita *mínima* pasa a ser árbol *grande!*

Jesús, único engrandecedor

Sacerdote, que en tus visitas te lamentas tantas veces de lo infructuoso de tus trabajos, de lo estéril de tu sacrificio por tu pueblo, del desaliento de tu alma ante tanta deserción...

Sacerdote, que te cruzas de brazos o que estás a punto de dejarlos caer porque *no puedes nada,* cura que no predicas los días de fiesta porque te oyen pocos, que no das catecismo porque acuden pocos niños, que no te sientas en el confesonario temprano porque no vienen penitentes, que dejas las obras de celo emprendidas y no emprendes ninguna nueva porque ¡se consigue tan poco o nada! ¿has meditado en mi parábola del grano de semilla? ¿has reparado en el milagro que tantas veces he hecho y que otras tantas estoy dispuesto a repetir de *hacer grande* todo lo *chico* que se siembre en MI *campo?*

¿Que quisieras hacer *cosas grandes* y no puedes?

Y es verdad: lo grande solamente lo hago Yo.

Tú haz lo tuyo

¿Cosas chicas? Esas son las que te pido. Sacerdote mío, ¡a sembrar tu granito!, ¡entre muchos o entre pocos, con éxito pronto, tardío o nulo...!

Lo demás... Yo.

9. SERÁ ENTREGADO A LA MUERTE

Y lo entregarán...
para que lo crucifiquen
Mt 20,19

Lo que dice la Cruz

Sacerdote mío, ¿qué te dice la cruz que corona mis Sagrarios y preside mis altares y que por medio de mi Liturgia te mando hacer y mirar y besar tantas veces al día?

¡Qué falta te hace meditar a ti, sacerdote, que Yo, Jesucristo, soy *Rey desde la Cruz!:* «Reino desde el madero». ¡Que tú eres ministro del *Rey de la Cruz!*, y querer o intentar tú un sacerdocio para ti sin cruz ¡es destronarme a mí y desarmarte a ti!

Yo soy el eterno *Procesado* por el tribunal de las *pasiones desordenadas* y disfrazadas con el nombre de razón política, prudencia, ciencia, progreso, libertad y hasta religión.

Un Rey, cuyos enemigos en definitiva y de verdad son las pasiones de los hombres, tiene que reinar con y por la Cruz.

El triunfo por la Cruz

Yo no he reinado en la tierra ni he enseñado a reinar más que así. La Cruz llevada por mí y los míos es la única que puede destrozar a esos enemigos. Las pasiones, la soberbia, la lujuria, la pereza, no tienen más enemigo serio y de verdad que mi Cruz, es decir, la cruz llevada a ejemplo mío y con la gracia mía...

Sacerdote mío, compañero de cruz, ¿caes ahora en la causa de tus desencantos y desilusiones, tus desmayos y quejas, tus tinieblas y desorientaciones...?

Insensiblemente te dejas llevar del espíritu humano que no quiere cruz, que la odia a muerte y te empeñas en trabajar *sin cruz,* en triunfar *sin cruz...* y ¡lo que es peor, en glorificarme a mí y santificarte a ti sin cruz...!

No olvides nunca que desde el Calvario y desde el Altar de tu Misa gané y doy la *mayor gloria* a mi Padre y la *mayor gracia* a los hombres, y en el Calvario y en el Altar, ¡fíjate, sacerdote mío! *¡estoy en cruz...!*

¡Qué contento quedaría Yo de tus Misas si de cada una de ellas sacaras ganas de estar en tu cruz un poquito mejor que el día anterior...!

10. RESUCITARÉ...

Mt 27,63

Ahora, ¡aleluya! El *aleluya* de mi Pascua no sólo invade el corazón de mis amigos, sino hasta se asoma al de mis indiferentes y enemigos.

Es un triunfo el de mi Resurrección que, aun para los que se obstinan en discutirlo o negarlo, se impone.

¡Mi triunfo!

El siempre triunfador

Deja al Jesús olvidado y al parecer derrotado del Sagrario que, siquiera una vez, hable con sus sacerdotes de *su triunfo.*

Sí, les viene muy bien a mis sacerdotes saber o recordar que son ministros de un Jesús que triunfa, que *siempre* triunfa y que triunfa *cuando menos se espera* y de modo y por medios que humanamente no puede esperarse su triunfo.

¡Para cuántos ratos de Sagrario daría una explicación de esas afirmaciones!

Pero, aunque brevísimamente, mira:

Jesús triunfa

¿Quién lo duda? ¿Quién puede dudarlo? ¿Cuántos siglos hace que se pronunció el «*Es reo de muerte*» (*Mt* 26,66) sobre mí y que se ejecutó esa sentencia?

¡Veinte!

Y ¿cuántos siglos hace que ese Jesús *ajusticiado vive* en el amor hasta el martirio de los unos y en el odio hasta la rabia diabólica de los otros?

¡Veinte!

Y ¿cuántos siglos llevan los hombres pronunciando y escribiendo el nombre de aquel Muerto?

¡Veinte!

Y ¿cuántos siglos doblándose rodillas y abriéndose bocas delante de los Sagrarios en donde sigue *viviendo* el condenado de la Cruz?

¡Veinte!

Veinte siglos de amores y de odios, de adoraciones y persecuciones, de agradecimientos e ingratitudes, de recuerdos y de olvidos en torno de mi Sagrario, ¿son trofeos de un triunfador o despojos de un derrotado?

Jesús siempre triunfa

Unas veces por mi poder, otras por mi paciencia, siempre por mi amor...

Por eso, aun derrotado, triunfo... Más todavía, mis mejores triunfos son los que el mundo llama derrotas.

Detente, oh sacerdote mío, en estos *triunfos de mis derrotas,* y verás qué campo tan dilatado se abre a tu meditación y al gozo de tu fe.

Acuérdate de mis *derrotas* en el Huerto ante Judas y su gente que me prende besándome, ante el ministro del Pontífice que me derriba abofeteándome... y de tantas *derrotas* en mi vida de Sagrario, unas en el pecho de los comulgantes sacrílegos, otras en las manos consagradas de los *explotadores* de mi Carne y de mi Sangre... y con los ojos de tu fe y con el sentir de tu caridad ponte a saborear en ellas los *triunfos* de mi amor invencible y a toda prueba...

Y ¿cómo triunfa Jesús?

Como no voy haciendo más que darte puntos de meditación, sobre mis *modos de triunfar* no te recordaré más que dos palabras: Domingo de Ramos y Domingo de Resurrección.

Dos días de triunfo *visible* que encierran los seis días de la *gran derrota* aparente de mi Pasión.

Triunfos tan visibles y patentes que los mismos jefes de mis enemigos se hacen sus heraldos y pregoneros.

–Maestro –me decían el Domingo de Ramos–, ¿no oyes cómo te aclaman?

–Manda –decían a Pilatos, todavía colgado de la Cruz mi cuerpo muerto– guardar su sepulcro, que anunció que iba a resucitar...

¡Los únicos que *contaban con mi resurrección* fueron, según mi Evangelio, mis enemigos!

¡Los amigos, a excepción de mi Madre, no se habían enterado *aún!*

La primera palabra que pronuncian aquellos después de mi muerte, que era su gran triunfo, es esta: ¡Resurrección!

Y sigue anotando circunstancias y modos de estos dos triunfos míos.

El triunfo del Domingo de Ramos

Pasé de fugitivo y escondido en Efrén y Betania a triunfador en Jerusalén, de condenado a muerte por los príncipes del pueblo y vencido por mi apóstol, a aclamado Rey por el pueblo, y como trono de mi reino y carroza de mi triunfo escojo un borriquillo...

El triunfo del Domingo de Pascua

¡Ah!, ese fue no sólo el día de mi gran triunfo, sino de las *venganzas de mi amor triunfante. Me vengué* de mis enemigos, haciéndolos testigos forzosos de mi triunfo; *me vengué* de la muerte, resucitando Yo y constituyéndome causa y modelo de la Resurrección de todos los que mueran conmigo; *me vengué* del demonio, trocando la muerte en vida, y su imperio en esclavitud; *me vengué* de mis amigos, torpes en entenderme y tardos en creerme, invitándolos a que metieran sus dedos en mis llagas luminosas...

* * *

Me vengué... y me sigo *vengando* de enemigos y amigos, en cada uno de mis Sagrarios haciendo lo mismo que aquel día...

El triunfo de Jesús en el sacerdote

Sacerdote que me escuchas, ¿no sientes ensancharse tu corazón, tantas veces acongojado y oprimido, al ver al Jesús de tu Sagrario y de tu sacerdocio triunfante a pesar de todo y de todos y a las veces hasta *a pesar* de ti, y *siempre* triunfante cómo y cuándo Él quiere...?

¿Dejarás todavía anidar el miedo o la desconfianza en tu corazón oyéndome decirte a ti y a cada uno de mis sacerdotes desde mi Sagrario: *Paz a vosotros, soy Yo; no temáis? (Lc* 24,36).

Sacerdote, déjame triunfar *en ti* y *por ti.*

En ti: Cada hora de *pureza* sacerdotal, de *oración* ante mi Sagrario, de vencimiento de tu amor propio, de *Oficio* digna, atenta y devotamente recitado, de *estar en paz en la cruz* de tu cargo... ¿no es un triunfo de mi gracia sobre tu naturaleza?

Por ti: Triunfo Yo por medio de *tu boca,* cada vez que me predicas *como soy,* cada vez que absuelves, que consagras, que hablas en mi nombre; por *tu pensamiento,* en tu intención de hacerlo *todo sólo* a mi gloria; por tu *corazón,* cada vez que amas a las almas y a ellas a ti *sólo* por Mí; por *tu ejemplo,* cada vez que me imitas; por *tus manos* y por tus energías todas no empleándolas *más* que en *servir de balde* a tu Madre la Iglesia...

El secreto del triunfo

Reinó desde el madero, así explica la Iglesia mi gran triunfo.

Sacerdote amigo, ¿quieres triunfos para Mí y para ti? Aprende y toma fuerzas en el Altar de tu Misa para ser *sacerdote en cruz* y conseguirás que la Iglesia, las almas y el Ángel de tu Guarda cuenten tu vida a mi Padre celestial cantando: *Reinó desde el madero...*

EPÍLOGO

LO QUE ME HAN DICHO PARA LAS PALOMAS DEL SAGRARIO LAS PALOMAS DE MI CUSTODIA

No quiero dejar de contaros lo que sobre vosotros y vosotras me dicen cada día del *Corpus* unas palomas.

¡Sí! ¡No os riáis! Unas palomas me han enseñado ese día y precisamente en la procesión, mientras yo seguía a la Custodia Santa, una *lección,* que espero no olvidaréis jamás.

Un poco de historia

Yo no sé si ya os he dicho otras veces, pero si no valga esta por todas, y es que estas Marías malagueñas, y no habla aquí el cariño ciego de padre, son unas Marías muy finas, muy ingeniosas, muy... Marías, y ¡están haciendo unas cosas con el Jesús de sus Sagrarios tan bonitas, tan delicadamente ingeniosas que ponen en unos trances mi seriedad episcopal...! ¡Ahí es nada poner a un Obispo a hacer *pucheros,* o mejor a disimular que los hace!

Pues se les ocurrió a estas mis Marías entre otros homenajes al Santísimo *Corpus Christi* en el día de su carrera triunfal arrojar a su paso palomas; cosa que me diréis no es nada nueva; pero mirad cómo se reclutaron: esas palomas eran mandadas expresamente por las Marías de cada uno de los pueblos de la Diócesis, cuatro de cada uno; cada paloma llevaba atado al cuello un lazo de seda con el nombre de su Sagrario, para significar con ellas que la Diócesis entera por medio de sus Marías rendía homenaje a Jesús Sacramentado y quería asistir y contribuir a su triunfo.

Yo que ya conozco la historia y los adentros de estos pueblos y que tanto me duele de sus abandonos ¡gocé tanto al leer ciertos nombres colgando de las palomas que revoloteaban alrededor de la Custodia!

La lección

Salimos de la Catedral y desde el balcón de mi Palacio comenzó el desfile de las simbólicas mensajeras. Volaron unas hacia arriba, atontadas otras se adherían a las rejas y cornisas que encontraban más próximas, en tanto que una blanca como la Hostia y adornada con un lazo celeste y, como llevada de un oculto resorte, viene a posarse dentro del templete de la Custodia al pie del Viril.

Y aquí empieza la lección.

La palomita, ni asustada ni corta, levanta con graciosa majestad su cabeza, dirige una mirada a la Sagrada Hostia y la derrama después por los alrededores como si curioseara o tomara posiciones.

Enterada del lugar que ocupaba, de un salto se encarama en el primer nudo del pie del Viril y vuelta la cara hacia la Hostia, oculta su cabeza tras la capuchina de finisimas plumas de su cuello y así queda. Si las palomas pudieran adorar yo creo que así lo harían.

Y pasaban las calles y las plazas, y sobre el Jesús de la Hostia caían flores y palomas; muchas de aquellas se quedaban formando montones de variados colores sobre las andas de la Custodia y no pocas de estas se entraban dentro del templete siguiendo el ejemplo de su hermana adoradora; pero mi palomita blanca no se enteraba de nada, ni a nadie ni por nada cedía su lugar.

Sólo cuando llevábamos andada la mitad de la «carrera» *bajó de su adoración* y con sus compañeras, se dedicó a picar hojitas de flores y levantarlas con el pico como si trataran de ofrecérselas de nuevo al Señor.

Mi puesto en la procesión, siempre detrás de la Custodia, mi afán de no perder de vista a Jesús Sacramentado y ya, hasta no sé si mi curiosidad o mi interés por el giro de las palomas, me llevaron las dos horas de la procesión embebido en descifrar el simbolismo de aquellas singulares y graciosas adoradoras que le habían salido a la Hostia Santa.

Y como eran Marías las que arrojaban aquellas palomas y Marías las que las mandaban y de Sagrarios de Marías hablaban, yo os veía a vosotras simbolizadas en ellas y en aquel buscar a Jesús aun en medio de su triunfo, y posarse a su lado y caminar con Él, y despreocuparse de todo lo exterior y ocuparse sólo de mirar *su Eucaristía*, y trocarse ellas y cuanto a su alcance estaba en homenajes de reparación y amor, veía yo la esencia de vuestra Obra y toda la dulce ocupación de vuestra vida.

A mí me decían la palomita primera y las que después llegaban para quedarse, lo *necesarias* que erais a Jesús, no solo en los abandonos de sus Sagrario, sino en las esplendideces de sus triunfos, que parece que ellas se estaban dando cuenta, lo mismo que yo, de que en medio de las flores que le caían y de las rodillas que se le doblaban y de las armas de soldados que se le rendían, y de los cánticos y nubes de incienso que se le elevaban, Jesús no iba *todo* lo acompañado que se merecia ni aun tanto como parecía, que ¡aun allí iba padeciendo soledades y recibiendo desprecios!

Y ellas ¡qué bien parecían entenderlo! ¡cómo se apretaban en torno suyo como para establecer un cerco de calor de mucho cariño para que los homenajes mezclados con ligerezas, rutinas, distracciones e irrevencias de los fieles llegaran a Él purificados y limpios!

Marías, Marías, ¡qué visión tan clara, tan penetrante y consoladora me dieron de vuestra misión y de vuestra *necesidad* las palomitas del día del *Corpus!*

Otro año

Me iban enseñando tanto esos obsequios que su simbolismo constituyó el tema de mi meditación durante todo el tiempo de la procesión triunfal de Jesús Sacramentado.

Y como no poco de lo que meditaba os toca a vosotras, Marías, justo es que algo os diga.

¡Las palomas del Santísimo! ¡Cuántas cosas me dijeron de vosotras y para vosotras! Las pude clasificar en tres grupos.

1.º Las que van desde luego

Mirad: de tantas palomas como desde los balcones y distintos puntos arrojaron, *dos* solamente se fueron *directamente* al pie de la Custodia y se *quedaron* allí.

¿Entendéis por qué subrayo esas palabras?

La una quedó *muy quieta* sobre la peana del Viril entre dos ángeles de plata, sin mirar a un lado ni a otro y como si no le preocupara más que la Hostia y como si no tuviera otra cosa que hacer que estarse allí; la otra no estuvo quieta ni un momento; subía y bajaba por los montecillos de flores que se iban formando, picaba las alas de su compañera, o las hojas de las flores, o se asomaba a uno de los lados y miraba a las gentes como si les predicara...

¡Qué bien me representaban esas dos palomas la *María contemplativa*, ocupada sólo en *estarse amando al Amado* y la *Activa,* que *sin dejar* de *estar* con Él, se mueve y busca a quien lo ame con ella!

2.º Las que no van

La *mayor parte* de las palomas arrojadas, volando en *dirección contraria* a la Custodia, como flechas, tiraban hacia su *palomar*, otras atontadas, caían sobre los transeúntes y se dejaban coger, y no pocas, después de varios vuelos indecisos se posaban en los aleros de los balcones o tejados o sobre las lonas de los toldos. ¡Cómo me enseñaban estas palomas las tres clases de almas que no se deciden a tomar el camino del Sagrario!

¡Las almas *enviciadas,* las *aturdidas* con el bullicio del mundo y las *desorientadas*...!

¡Pobres almas!, ¡con qué saña eran perseguidas por los rapazuelos para *ahogarlas y llevárselas*...! Y ¡pensar que constituyen la *mayor parte, casi la totalidad* de las almas! ¡Qué suerte tan distinta de las que se fueron con el Señor!...

3.º Las que, por fin, se dejan llevar

Algunas de esas desventuradas palomas que *huían* de la Custodia caían al alcance de manos piadosas... ¡qué providencia tan buena de Dios es un buen amigo! Gracias a no pocos de estos, entraron como *a empujones* en el interior de la Custodia como una docena de aquellas fugitivas. Y hay que decirlo en su honor. Una vez que gustaron lo bien que se iba junto al Señor ninguna de ellas se fue...

Marías contemplativas, no os canséis de pedir compañía para vuestros Sagrarios... Marías activas, no os canséis de buscarles compañía; aunque la *mayor parte* de sus vecinos no irá, ¡no olvidéis que sois el *pequeño rebaño*! La gracia de vuestras oraciones y sacrificios *hará caer* a vuestro alcance más tarde o más temprano a algunas almas, para que aunque sea *a empujones,* las metáis dentro de vuestros Sagrarios. Y cuando gusten lo bueno que es estar allí, no tengáis miedo, ¡ya no se irán!

Y ¡qué cuadro tan animado formaban las palomas sobre los montecitos de flores de la base de la Custodia! ¡Parecían una comunidad de monjitas originales!

Unas inmóviles mirando la Sagrada Hostia, otras andando como por su casa en todas direcciones, estas entretenidas en quitarse con el pico el lacito que adornaba sus alas, ¡no querian ligaduras del mundo!, aquellas asomadas al exterior y como diciendo a todos: ¿pero no véis lo bien que vamos?... ¿Por qué no os venís?...

Y el pueblo iba entendiendo tan bien la lección de las palomas, que para las que iban dentro, tenía invariablemente este comentario: *¡qué bien van!* y para las que huían, este otro bien triste y amargo: *¡qué lástima!...*

Almas que de grado o por fuerza tenéis que volar por el mundo, ¿qué comentario os gustará más del Ángel de vuestra guarda, el de las palomas que se *quedan* o el de las que se *van?...*

El pueblo que, mientras más cristiano, más artista es, y mientras más andaluz menos sabe sentir en silencio, comprendía y recibía con singular complacencia, expresadas en las formas más pintorescas, el acompañamiento con que se presentaba Jesús Sacramentado.

– Mira, ¡si parece que han nacido ahí de lo a gusto que van!– decían unos.

– Pues ¡no parece que van rezando!– gritaban otros mientras se alejaba la Custodia.

–Pero, apuntaba un malagueño neto, ¡si van *embobás,* mirando *parriba,* y no tienen *mieo* ni de los *soldaos!...*

Y en un grupo dejé pendiente esta discusión:

– Yo digo que van pegás esas palomas; si no, ¿cómo se iban a estar tan quietas?

– ¡Quiá! Si las he visto yo *yegá* y ponerse ahí; van por su gusto.

* * *

Marías

¡Qué bien os iba definiendo el pueblo! *¡Palomas pegadas a la Custodia por su gusto!* ¡Palomas de la Custodia! ¡Marías de los Sagrarios! ¡Benditas seais!

ÍNDICE

Introducción

Parte I
Qué hace el Corazón de Jesús en el Sagrario

Parte II
Qué dice el Corazón de Jesús en el Sagrario

Parte III. Lo que singularmente dice el Corazón de Jesús a sus sacerdotes

Epílogo